Bill Hybels

Aufbruch zur Stille

Von der Lebenskunst, Zeit für das Gebet zu haben

Bill Hybels

Aufbruch zur Stille

Von der Lebenskunst,

Zeit für das Gebet zu haben

Projektion J

Titel der Originalausgabe:
Too busy not to pray: Slowing down to be with God

9. Auflage 2000

ISBN 3-89490-248-5

Die Bibelzitate wurden der Einheitsübersetzung entnommen.
Die Liedstrophe in Kapitel 6 wurde dem Lied
»Great Is Thy Faithfulness« entnommen.
1923, Neufassung 1951, von Hope Publishing Company, Carol Stream, Illinois.

Auf der Grundlage der neuen Rechtschreibung.

Übersetzung: Barbara Baumhof; Kapitel 4, 5 und 10 von Karoline Kuhn
Umschlaggestaltung: Ursula Stephan
Satz: Nicole Schol, Projektion J Verlag
Druck und Verarbeitung: Schönbach-Druck, Erzhausen

Inhalt

Kapitel 1

Gebet – ein Abenteuer

Beten ist keine Tätigkeit, die uns angeboren ist. Von Geburt an haben wir gelernt, nur uns selbst zu vertrauen, und so kämpfen und ringen wir um Unabhängigkeit und Selbstständigkeit. Gebet steht diesen tief in uns verwurzelten Werten radikal entgegen. Es ist ein Angriff auf den Selbstbestimmungsdrang des Menschen und seinen unabhängigen Lebensstil. Gebet hält Leute, die entschlossen sind, alles aus eigener Kraft zu machen, nur unnötig auf.

Gebet ist unserer stolzen menschlichen Natur zuwider. Und trotzdem kommen wir wohl alle einmal an den Punkt, wo wir auf die Knie fallen, den Kopf neigen, uns ganz Gott zuwenden und beten. Vielleicht schauen wir nach rechts und links, um sicherzugehen, dass niemand uns sieht, vielleicht sind wir peinlich berührt, aber wir beten in solch einem Moment, egal, wie fremdartig es uns vorkommen mag. Warum zieht es uns zum Gebet? Ich denke, es gibt zwei Erklärungsmöglichkeiten.

Friede, der das Verstehen übersteigt

Intuitiv oder aus Erfahrung wissen wir, dass *Gebet der einzige Weg ist, in enge Verbindung mit Gott zu kommen.*

Fragen Sie Leute, die sich mit Unglück, Versuchung, tiefem Leid, mit Versagen, Niederlagen, Einsamkeit oder Diskriminierung konfrontiert sahen. Fragen Sie sie, was in ihrem Inneren geschehen ist, als sie endlich auf die Knie gingen und dem Herrn ihr Herz ausschütteten.

Solche Leute erzählten mir: »Ich kann es nicht erklären, aber es schien mir, als ob Gott mich verstehen würde.« Andere sagten: »Ich fühlte mich von seiner Nähe umgeben.« Oder: »Ich erlebte mich getröstet und voller Friede.«

Auch der Apostel Paulus kannte diese Erfahrung. In seinem Brief an die Philipper schreibt er: »Sorgt euch um nichts, sondern bringt in jeder Lage betend und flehend eure Bitten mit Dank vor Gott! Und der Friede Gottes, der alles Verstehen übersteigt, wird eure Herzen und eure Gedanken in der Gemeinschaft mit Christus Jesus bewahren« (Phil 4,6–7).

Vor einigen Jahren starb mein Vater, ein noch relativ junger und außerordentlich tatkräftiger Mann, an einem Herzinfarkt. Auf der Fahrt zu meiner Mutter nach Michigan fragte ich mich, wie ich wohl jetzt zurechtkommen würde ohne den, der mehr an mich geglaubt hatte, als irgendjemand sonst es je tun würde.

In dieser Nacht, als ich im Bett lag, rang ich mit Gott. »Warum ist das passiert? Wie soll ich das gedanklich und praktisch auf die Reihe kriegen? Werde ich den Verlust meines Vaters je verschmerzen können? Wenn du mich wirklich liebst, wie konntest du mir das dann antun?«

Und plötzlich, mitten in der Nacht, wurde alles anders. Mir war, als wäre ich über den Berg und würde plötzlich neues Land sehen. Gott sagte einfach: »Ich bin allmächtig. Ich bin genug für dich. Im Moment bezweifelst du das, aber du kannst mir vertrauen.«

Diese Erfahrung mag sich unwirklich anhören, aber ihre Auswirkungen waren unübersehbar. Nach dieser Nacht voller Tränen und Verzweiflung quälten mich nie wieder Zweifel daran, ob Gott auch wirklich für mich sorgt und ob ich mein Leben ohne meinen Vater meistern würde. Schmerz, ja – sein Tod tat mir sehr weh und ich werde Vater immer vermissen. Aber der Verlust hat mich nicht aus der Bahn geworfen. Mitten in der tiefsten Dunkelheit gab mir ein Augenblick engster Vertrautheit mit Gott Mut, Sicherheit und Hoffnung.

Durch Gebet zu neuem Leben

Beten ist nicht immer meine starke Seite gewesen. Viele Jahre lang, auch als ich schon Hauptpastor einer großen Gemeinde war, überstieg mein *Wissen* über Gebet bei weitem das, was ich je in meinem Leben davon *umgesetzt hatte*. Ich habe das Temperament eines Rennpferdes und die Kämpfe mit Unabhängigkeit und Selbstständigkeit sind mir sehr vertraut. Ich hatte keine Lust, lange genug langsam zu tun, um herauszufinden, was es mit dem Beten auf sich hat.

Vor einigen Jahren führte mich der Heilige Geist so klar, dass es mir nicht möglich war, ihn weiterhin zu ignorieren, herumzuargumentieren oder ungehorsam zu sein. Der Eindruck, den ich hatte, war, dass ich Gebet so lange erforschen, studieren und praktizieren sollte, bis ich es verstand. Ich gehorchte. Ich las fünfzehn bis zwanzig bedeutende Bücher über Gebet, einige ältere und einige neue. Ich studierte fast jede Textstelle über Gebet in der Bibel.

Und dann tat ich etwas absolut Radikales: Ich betete.

Die größte Erfüllung in meinem Gebetsleben fand ich nicht in einer großen Anzahl übernatürlicher Gebetserhörungen, obwohl auch das passierte und wundervoll war. Was mich am meisten begeisterte, war, dass sich die Qualität meiner Beziehung zu Gott veränderte. Als ich anfing zu beten, hatte ich keine Ahnung, was passieren würde.

Ich hatte mit Gott immer eine ziemlich nachlässige Beziehung geführt. Wir kamen eher selten zusammen, um zu reden. Inzwischen aber treffen wir uns sehr oft – wir plaudern nicht nur mal so nebenher, sondern führen jeden Morgen sehr tief gehende, lange Gespräche. Mir kommt es vor, als ob ich Gott um einiges besser kennen gelernt habe, seit ich angefangen habe zu beten.

Wenn der Heilige Geist Sie drängt, mehr über Gebet zu lernen, dann sind Sie dabei, sich auf ein wundervolles Abenteuer einzulassen. Wenn Sie im Gebet wachsen, wird Gott Ihnen mehr von sich offenbaren und in Ihnen mehr von sich selbst umsetzen. Glauben Sie mir, das wird Sie beim Beten am meisten erfüllen und belohnen, viel mehr noch als alle Gebetserhörungen, die Sie mit Sicherheit auch erleben werden: Gemeinschaft mit Gott, Vertrauen, Zuversicht, Friede und Trost – all das werden Sie beim Beten spüren und erleben.

Ein Kanal für Gottes Kraft

Wenn wir beten, gibt Gott uns seinen Frieden. Dies ist ein Grund, warum sogar unabhängige Menschen unseres zwanzigsten Jahrhunderts in sich gehen und Gott ihr Herz ausschütten. Aber es gibt noch einen anderen Grund. Menschen werden zum Gebet hingezogen, weil sie wissen, dass *Gottes Kraft* ganz besonders durch betende Menschen fließen kann.

Die Bibel ist voller Textstellen, die zeigen, dass unser allmächtiger Gott bereit, willens und fähig ist, die Gebete seiner Kinder zu erhören. Die Wunder, die die Israeliten beim Auszug aus Ägypten und auf der Reise ins Verheißene Land erlebten, waren alles Gebetserhörungen. Ebenso war es mit den Wundern Jesu, als er den Sturm stillte, als er für Essen sorgte, die Kranken heilte und die Toten auferweckte. Als die Urkirche wuchs und sich auf der ganzen Welt ausbreitete, hat Gott immer wieder die ausdauernden Gebete der Gläubigen um Heilung und Befreiung erhört.

Gottes Kraft kann Umstände und Beziehungen verändern. Sie kann uns in den Mühen des täglichen Lebens helfen. Sie kann körperliche und seelische Verletzungen heilen, Eheprobleme lösen, finanziellen Nöten begegnen – sie wird mit jeder Art von Schwierigkeit und Entmutigung fertig.

Jemand sagte einmal: »Wenn wir arbeiten, dann arbeiten *wir*, aber wenn wir beten, dann arbeitet *Gott*.« Seine übernatürliche Kraft ist denen zugänglich, die beten, die in ihrem Innersten davon überzeugt sind, dass Gott jede Situation verändern kann. Skeptiker werden vielleicht einwenden, dass Gebetserhörungen nichts als Zufälle sind, aber wie ein englischer Erzbischof einmal beobachtete: »Es ist erstaunlich, wie viele Zufälle sich ereignen, wenn einer zu beten anfängt.«

Gebet als Strategie

Ich möchte Ihre Aufmerksamkeit nun auf eine Stelle im Alten Testament lenken, die mich mehr als jede andere Bibelstelle davon überzeugt hat, dass Beten bemerkenswerte Auswirkungen hat. Wir finden die Geschichte im Buch Exodus im 17. Kapitel, Verse 8–13:

> »Als Amalek kam und in Refidim den Kampf mit Israel suchte, sagte Mose zu Josua: Wähl uns Männer aus und zieh in den Kampf gegen Amalek! Ich selbst werde mich morgen auf den Gipfel des Hügels stellen und den Gottesstab mitnehmen. Josua tat, was ihm Mose aufgetragen hatte, und kämpfte gegen Amalek, während Mose, Aaron und Hur auf den Gipfel des Hügels stiegen. Solange Mose seine Hand erhoben hielt, war Israel stärker; sooft er aber die Hand sinken ließ, war Amalek stärker. Als dem Mose die Hände schwer wurden, holten sie einen Steinbrokken, schoben ihn unter Mose, und er setzte sich darauf. Aaron

und Hur stützten seine Arme, der eine rechts, der andere links, so daß seine Hände erhoben blieben, bis die Sonne unterging. So besiegte Josua mit scharfem Schwert Amalek und sein Heer.«

Mose, Israels ruhmreicher Führer, sieht sich mit einem ernsthaften Problem konfrontiert. Gerade ist ein feindliches Heer fast bis an den Lagerplatz der Israeliten vorgerückt – mit der Absicht, sie zu vernichten.

Mose ruft seine fähigsten Truppenführer zusammen, um die Strategie auszuarbeiten. Nach sorgfältiger Planung gibt Mose bekannt, wie sie die Sache angehen werden. »Josua«, sagt er, »morgen wirst du dir unsere besten Krieger nehmen; führe sie hinaus aufs ebene Land, um dort den Feind zu treffen; und dann kämpft mutig. Ich werde zwei Männer mit mir nehmen, auf den Hügel steigen, von dem aus man die Ebene überblicken kann, und meine Hände zum Himmel erheben. Ich werde *beten*, dass Gott unsere Truppen in reichem Maß mit Mut, Tapferkeit, Fähigkeit zum Zusammenwirken und übernatürlichem Schutz ausrüstet. Und dann werden wir sehen, was Gott tut.«

Vollmacht durch Gebet

Josua stimmt zu. Er glaubt an die Wirksamkeit von Gebet und würde Moses Gebet militärischer Unterstützung vorziehen. Dann passiert Folgendes: Solange Moses Hände zum Himmel erhoben sind, sind Josuas Truppen im Kampf überlegen und drängen den Feind zurück.

Aber wie zu erwarten war, werden Moses Arme mit der Zeit lahm. Er nimmt sie wieder herab, läuft um den Hügel und beobachtet die Schlacht. Mit Schrecken sieht er, wie sich vor seinen Augen das Blatt wendet. Josuas Truppen werden zurückgeschlagen und der Feind gewinnt an Boden.

Mose erhebt seine Arme wieder zum Himmel und bringt die Sachlage vor den Herrn. Sofort wendet sich die Schlacht wieder zu Gunsten von Josua und den Israeliten und wieder drängen sie den Feind zurück. Da versteht Mose: Er muss seine Arme betend zum Himmel erhoben halten, wenn er will, dass Gott auf dem Schlachtfeld eingreift.

Spätestens an diesem Tag wurde Mose klar, dass Gottes Kraft durch Gebet freigesetzt wird. Als ich anfing, ernsthaft zu beten, entdeckte ich dasselbe. Es läuft darauf hinaus: Wenn Sie willens sind, Gott zu bitten, dass er Ihnen bei den Herausforderungen des täglichen Lebens zur Seite steht, werden Sie seine alles überwindende Kraft erfahren – zu Hause, in Ihren Beziehungen, im Geschäftsleben, in der Schule, in der Gemeinde, wo immer sie eben gebraucht wird.

Diese Kraft wird sich vielleicht in Form von Weisheit zeigen, wenn Sie dringend eine Idee brauchen und Ihnen einfach nichts einfällt. Oder sie zeigt sich in Form von Mut, wenn Gott Ihnen mehr davon gibt, als Sie selbst je aufbringen würden. Vielleicht zeigt sie sich auch in Zuversicht oder Ausdauer, außergewöhnlicher, anhaltender Kraft, einer veränderten Haltung einem Ehepartner, einem Kind, einem Elternteil gegenüber, in Umständen, die sich verändern, oder vielleicht sogar in offensichtlichen Wundern. Wie auch immer sie sich präsentiert – die alles überwindende Kraft Gottes wird im Leben derer freigesetzt, die beten.

Tun Sie's nicht drunter

Die andere Seite der Medaille ist sehr ernüchternd: Gott kann seine Kraft schwerlich in Ihrem Leben freisetzen, wenn Sie in die Hände spucken und sagen: »Ich schaffe das alles allein.« Wenn Sie das tun, seien Sie nicht überrascht, wenn Sie eines Tages das bedrückende Gefühl beschleicht, dass sich das Blatt gegen Sie gewendet hat und dass Sie eigentlich gar nichts dagegen tun können.

Menschen, die nicht beten, verschließen sich selbst den Zugang zur alles überwindenden Kraft Gottes. Die Folge davon ist dann oft dieses allzu vertraute Gefühl von dauernder Niederlage, Überlastung und Niedergeschlagenheit; das Gefühl, übergangen, ausgenutzt und herumgestoßen zu werden. Überraschend viele Leute sind bereit, sich mit so einem Leben zufrieden zu geben. Tun Sie das nicht! Niemand muss so leben! *Gebet ist der Schlüssel, um Gottes Kraft in Ihrem Leben freizusetzen.* Als Mose einmal den Zusammenhang zwischen Gebet und Gottes Kraft begriffen hatte, war er entschlossen, den restlichen Tag lang für Gottes Eingreifen in der Schlacht zu beten. Aber seine Arme wurden lahm. Er machte nicht mehr den Fehler, sie einfach wieder herunter zu nehmen. Seine zwei Begleiter guckten also einen Stein aus, auf den er sich setzen konnte, kauerten sich je unter einen Arm und halfen Mose, seine Arme hochzuhalten.

Was für ein Bild: Mose wird von zwei treuen Männern gestützt, die helfen möchten, dass Gottes Kraft weiterhin fließen kann. Es erübrigt sich zu sagen, dass die Israeliten die Schlacht an diesem Tag für sich entschieden.

Sind Sie des Betens überdrüssig? Denken Sie, dass Ihre Gebete sowieso nichts bewirken? Fragen Sie sich, ob Gott überhaupt zuhört? In diesem Buch möchte ich das Gleiche tun, was Moses Freunde getan haben; nämlich Ihre Arme stützen, bis der Tag zu Ende ist und Sie den Sieg davontragen. Ich hoffe, dass Gott Sie durch dieses Buch ermutigt zu beten, egal, wie entmutigt Sie gerade sein mögen.

Ich weiß, Gott erhört Gebete. Er erhört meine und wird ebenso Ihre erhören. Außerdem möchte er gern von Ihnen hören und Ihnen zeigen, dass er wirklich für Sie da ist.

Kapitel 2

Gott ist bereit

Gott hat genug damit zu tun, das Universum in Ordnung zu halten. Er will nichts von meinen kleinen Problemen wissen«, »Wenn ich für meine eigenen Nöte bete, denkt Gott, dass ich egoistisch bin. Wenn ich ihn wirklich lieb habe, stelle ich mich und meine Bedürfnisse in den Hintergrund« oder: »Ich weiß, dass ›alles, was auf der Welt lebt‹, Gott gehört, aber das ist nur so eine Redewendung. Gott hat Besseres zu tun, als sich um mich zu kümmern, und ich werde ihn nicht darum bitten.«

Haben Sie solche Sachen auch schon einmal gesagt oder gedacht? Wenn ja, dann sind Sie damit nicht allein. Aber Sie machen einen verhängnisvollen Fehler. Solche Aussagen gründen auf einer Lüge, die aus der Hölle kommt – nämlich der, dass Gott sich nicht um seine Kinder kümmert.

Jesus erzählte seinen Jüngern eine Geschichte, um ihnen verständlich zu machen, wie Gott über unsere Gebete denkt. Leider verstehen viele Menschen diese Geschichte falsch. Manche Christen meinen sogar, dass sie genau das Gegenteil von dem bedeutet, was Jesus eigentlich damit sagen wollte.

Sie finden die Geschichte im Lukas-Evangelium im 18. Kapitel, Verse 2–5:

> »In einer Stadt lebte ein Richter, der Gott nicht fürchtete und auf keinen Menschen Rücksicht nahm. In der gleichen Stadt lebte auch eine Witwe, die immer wieder zu ihm kam und sagte: Verschaff mir Recht gegen meinen Feind! Lange wollte er nichts davon wissen. Dann aber sagte er sich: Ich fürchte zwar Gott nicht und nehme auch auf keinen Menschen Rücksicht; trotzdem will ich dieser Witwe zu ihrem Recht verhelfen, denn sie lässt mich nicht in Ruhe. Sonst kommt sie am Ende noch und schlägt mir ins Gesicht.«

Die verzweifelte Witwe

Die Hauptperson dieser Geschichte ist eine Witwe. Es ist niemals einfach, Witwe zu sein, aber in den Vereinigten Staaten im zwanzigsten Jahrhundert ist es im Normalfall nicht mehr so schlimm wie vor zweitausend Jahren im Mittleren Osten. In unserer Kultur können Witwen reich sein. Sie können auch einflussreiche Stellungen innehaben. Auch wenn viele Witwen mit ernsthaften finanziellen Problemen konfrontiert sind, dürfen sie doch zumindest arbeiten, sich weiterbilden und Grund und Boden besitzen.

Als Jesus diese Geschichte erzählte, war die Lage ganz anders. Eine Witwe hatte im Normalfall keine Ausbildung, keine Arbeit, kein Geld, keinen Grundbesitz, keinen Einfluss und kein Ansehen. Hatte sie einen Sohn, der sie versorgen konnte, dann hatte sie eine Überlebenschance. Wenn nicht, musste sie betteln gehen – wie heute die Obdachlosen und Stadtstreicher – und war aus der Gesellschaft ausgestoßen. In der Geschichte, die Jesus erzählt, hatte die Witwe einen Gegner. Irgendein Schurke machte ihr ständig Ärger. Vielleicht bedrohte er sie körperlich; vielleicht enthielt er ihr Gelder vor, die für ihren Unterhalt bestimmt waren, vielleicht bestahl er sie.

Wie auch immer, ihr Gegner saß am längeren Hebel und sie drohte zu verlieren. Die Witwe hatte keine Möglichkeit, sich selbst zu schützen; sie hatte weder Verwandte, die ihr helfen konnten, noch gab es staatliche Hilfsorganisationen, an die sie sich hätte wenden können. Es gab für sie nur eine Chance, ihren Gegner zu Fall zu bringen: Sie konnte zum Richter der Stadt gehen, ihr Unglück schildern und sich seiner Gnade ausliefern. Und genau das beschloss sie zu tun.

Der ungerechte Richter

Nun wollen wir den zweiten Beteiligten näher betrachten, den Richter. Jesus beschrieb ihn durch zwei kurze Aussagen: »… der Gott nicht fürchtete und auf keinen Menschen Rücksicht nahm« (Vers 2). Da er Gott nicht fürchtete, hatte er wohl keinen Sinn für Verantwortung. Er achtete weder Gottes Wort noch seine Weisheit oder Gerechtigkeit. Es kümmerte ihn nicht, dass er eines Tages vor Gott für seine Entscheidungen Rechenschaft würde ablegen müssen. Deshalb machte er sich sein eigenes Recht und fällte die Urteile, wie es ihm gerade beliebte.

Da dieser Richter Menschen nicht achtete, kümmerte es ihn nicht, wie sich seine Entscheidungen auf die Betroffenen in seinem Gerichtssaal auswirkten, die hofften, zu ihrem Recht zu kommen. Da ihm Menschen gleichgültig waren, fühlte er sich frei, sie zu benutzen und zu missbrauchen. Sie waren für ihn keine Brüder und Schwestern, sondern Probleme, Störungen, Ärgernisse und Stressfaktoren. Seine Verhandlungsbasis gründete auf Schmiergeldern.

Eben dieser Richter war für die Witwe die letzte Zuflucht. Man möchte ihr am liebsten sagen: »Verschwende doch nicht deine Zeit. Der Richter steckt wahrscheinlich mit deinem Gegner unter einer Decke. Er wird dir ins Gesicht lachen und dich hinauswerfen.« Und genauso kam es auch – aber die Geschichte endet nicht damit, dass die Klage abgewiesen wird.

Gerechtigkeit durch Belästigung

Vom Verhalten des Richters verletzt und empört, nahm die Witwe allen Mut zusammen und betrachtete ihre Lage nochmals. Mit verbissener Entschlossenheit sagte sie zu sich: »Ich habe keine andere Wahl. Dieser Richter ist meine einzige Hoffnung. Ich muss ihn dazu bewegen, mich zu schützen.« Aber wie sollte sie das anstellen? Keine höhere Instanz würde ihren Fall anhören. Und arm, wie sie war, konnte sie den Richter auch nicht bestechen. »Ich weiß, was ich tun werde«, sagte sie sich. »Ich werde ihm keine Ruhe mehr lassen. Jedes Mal, wenn er sich umdreht, werde ich direkt vor seiner Nase stehen. Ich werde ihm auf Schritt und Tritt folgen, nach Hause, zur Arbeit, auf die Rennbahn. Ich werde so lange wie ein verschwitztes Hemd an ihm kleben, bis er mir Schutz gewährt, mich ins Gefängnis steckt oder mich umbringt.«

Und genau das tat sie – und es funktionierte! Sie belästigte den Richter so lange, bis er eines Tages das Fenster in seinem Büro aufriss und brüllte: »Also gut, ich habe genug. Kann sich endlich jemand um den Fall dieser Witwe kümmern!? Es ist mir egal, was es kostet! Sie macht mich noch wahnsinnig.«

Die Geschichte endet glücklich damit, dass der unehrliche, herzlose Richter der Witwe endlich Schutz vor ihrem Gegner gewährte.

Aber er tat dies nicht etwa aus Herzensgüte, sondern nur wegen ihrer außerordentlichen Fähigkeit, ihm das Leben schwer zu machen.

Eine völlig falsche Interpretation

Lukas sagt, dass Jesus seinen Jüngern dieses Gleichnis erzählte, um ihnen zu zeigen: »... daß sie allezeit beten und darin nicht nachlassen sollten« (Lk 18,1). Viele Gläubige machen einen schwer wiegenden Interpretationsfehler. Sie denken, dass es sich um ein Gleichnis handelt und ziehen folgende Parallelen: Wir Menschen sind wie die Witwe. Wir sind verarmt, machtlos, ohne Beziehungen und ohne Ansehen, unfähig, mit unseren Problemen selbst fertig zu werden, und denken, dass es niemanden gibt, an den wir uns wenden können.

Gott wird dann wohl so sein wie der Richter. Eigentlich interessiert es ihn gar nicht, wie es uns geht. Immerhin ist er für das ganze Universum verantwortlich, muss Engel bei Laune halten und Harfen stimmen. Wir stören ihn besser nicht, außer wenn es wirklich wichtig ist.

Wenn wir jedoch verzweifelt sind, können wir immer noch das machen, was die Witwe getan hat: Wir können ihn belästigen, die Türen des Himmels einhämmern, Stunden auf unseren Knien verbringen und unsere Freunde bitten, das Gleiche zu tun. Früher oder später werden wir ihn vielleicht mürbe machen und einen Krümel Segen aus seiner fest geschlossenen Faust herausquetschen. Vielleicht schreit er dann auch: »Ich habe genug – kann sich nicht endlich jemand darum kümmern!?«

Denken Sie, dass diese Wahrnehmung stimmt? Ich hoffe nicht. Aber wie oft rede ich mit Menschen, die wirklich denken, Gott sei wie dieser Richter! Sie sind vollkommen davon überzeugt, dass beim Gebet die größte Herausforderung die ist, den verlorenen Schlüssel zu finden, der die Segenskammern aufschließen kann, die Gott aus irgendeinem Grund lieber nicht aufmachen will.

Ich bin es leid, all die Buchtitel zu lesen, die versprechen, das Geheimnis zu enthüllen, wie man Gottes Widerstand überwindet, und den kaum bekannten Weg zu offenbaren, wie wir uns in seine Gegenwart vorquälen können. Bitte, bitte denken Sie nie, dass Gott so ist! Jesus wollte uns mit diesem Gleichnis auf keinen Fall sagen, dass Gott in irgendeiner Weise wie dieser gefühllose Richter ist.

Von der anderen Seite betrachtet

Was bedeutet also dann die Geschichte? Jesus selbst erläutert sie, gleich nachdem er sie zu Ende erzählt hatte: »Und der Herr fügte hinzu: Bedenkt, was der ungerechte Richter sagt. Sollte Gott seinen Auserwählten, die Tag und Nacht zu ihm schreien, nicht zu ihrem Recht verhelfen, sondern zögern? Ich sage euch: Er wird ihnen unverzüglich ihr Recht verschaffen« (Lk 18,7–8).

Das heißt, dass gemäß Jesu Worten dieses Gleichnis nicht allegorisch zu verstehen ist, da bei einer Allegorie Elemente in der Geschichte für Wahrheiten außerhalb der Geschichte stehen. Es ist vielmehr eine Parabel – eine kurze Geschichte mit einem rätselhaften Aspekt, der den Hörer zum Nachdenken herausfordert. Diese besondere Parabel arbeitet mit Gegensätzen. Schauen wir uns diese einmal genauer an.

Erstens sind wir nicht in der Position der Witwe, sondern genau das Gegenteil ist der Fall. Sie war arm, machtlos, vergessen und im Stich gelassen. Sie hatte keine Beziehung zum Richter. Für diesen war sie nur ein Verfahren mehr auf seiner Liste. Aber wir sind nicht im Stich gelassen; wir sind Gottes angenommene Kinder, die Brüder und Schwestern Jesu. Wir gehören zu Gottes Familie und wir sind ihm wichtig. Also müssen Sie nicht auf Zehenspitzen in seine Gegenwart schleichen, in der Hoffnung herauszufinden, wie Sie seine Aufmerksamkeit auf sich ziehen können. Sagen Sie einfach: »Hallo, Vater« und Sie können sicher sein, dass er sich unglaublich freut, Ihre Stimme zu hören.

Zweitens hat unser liebevoller himmlischer Vater nicht die geringste Ähnlichkeit mit dem Richter in Jesu Gleichnis! Der Richter war unehrlich, ungerecht, unfair, respektlos, herzlos und nur mit seinen eigenen Angelegenheiten beschäftigt. Im Gegensatz dazu ist unser Gott rechtschaffen und gerecht, heilig und sanft, entgegenkommend und mitfühlend.

Der Psalmist sagt: »Kostet und seht, wie gütig der Herr ist« (Ps 34,9a). Glauben Sie nicht, dass Sie irgendwie einen Weg finden müssen, einen Segen aus ihm herauszupressen, oder ihn irgendwie überlisten müssen, damit er etwas hergibt, was er eigentlich lieber für sich behalten würde. Gottes Wort lehrt uns, dass Gott seine Kinder gerne mit guten Gaben segnet. Das ist seine Natur, das liegt in seinem Wesen – er ist ein gebender Gott, ein segnender Gott, ein ermutigender Gott, ein Gott, der uns versorgt, uns bevollmächtigt und uns liebt.

Segen im Überfluss

Eine meiner geistlich aufschlussreichsten Erfahrungen machte ich, als ich meinem Sohn ein BMX-Rad kaufte. Er dachte, er sei aufgeregt – und er war es! Aber nachdem ich ihm an diesem ersten Tag zugeschaut hatte, wie er damit die Einfahrt rauf- und runterfuhr, hatte ich Tränen in den Augen. Ich sagte zu meiner Frau Lynn: »Und wenn das Rad fünfhundert Dollar gekostet hätte, hätte es sich gelohnt. Noch nie hat es mir so viel Freude gemacht, etwas zu schenken! Ich bekam eine Gänsehaut, als ich ihm beim Radfahren zuschaute und sah, wie seine Augen sich vor Begeisterung weiteten.« Ich begann, Pläne zu schmieden, ihm eines Tages ein Motorrad zu kaufen – und ein Auto!

Ich habe Eltern jammern gehört: »Meine Kinder bewerben sich fürs College und irgendwie muss ich das Schulgeld zusammenkratzen.« Vielleicht machen sie nur Spaß, wenn sie sich so ungehalten zeigen. Ich glaube, für mich würde es kaum etwas Schöneres geben, als meinem Kind eine College-Ausbildung zu ermöglichen. Und wenn ich mein Haus verkaufen muss, um für die Kosten aufkommen zu können, werde ich das liebend gern tun. Es wäre für mich ein großer Segen – und eine sehr große Freude.

Ich habe keine Lehrbücher gelesen, um so zu fühlen. Ich fühle einfach so. Ich bin ganz versessen darauf, meinen Kindern Sachen zu schenken. Und langsam verstehe ich, dass es Gott große Freude macht, seine Kinder mit guten Gaben zu beschenken.

Die Bibel lehrt, dass wir einem Gott dienen, der einfach immer Gelegenheiten sucht, seinen Segen über uns auszuschütten. Es ist, als würde er sagen: »Was nützen mir all meine Reichtümer, wenn ich niemanden habe, mit dem ich sie teilen kann. Wenn ihr nur einigermaßen mit mir zusammenarbeitet, werde ich meinen Segen über euch ausgießen.« Im Alten Testament finden wir eine ganze Reihe von Aussagen dieser Art.

Im Buch Levitikus im 26. Kapitel, Verse 3–6, steht:

> »Wenn ihr nach meinen Satzungen handelt, auf meine Gebote achtet und sie befolgt, so gebe ich euch Regen zur rechten Zeit; die Erde liefert ihren Ertrag, und der Baum des Feldes gibt seine Früchte; die Dreschzeit reicht bei euch bis zur Weinlese und die Weinlese bis zur Aussaat. Ihr eßt euch satt an eurem Brot und wohnt in eurem Land in Sicherheit. Ich schaffe Frieden im Land: Ihr legt euch nieder, und niemand schreckt euch auf. Ich lasse die Raubtiere aus dem Land verschwinden. Kein Schwert kommt über euer Land.«

Im Buch Deuteronomium im 28. Kapitel, Verse 2–7a und 12–13a, lesen wir:

> »Alle diese Segnungen werden über dich kommen und dich erreichen, wenn du auf die Stimme des Herrn, deines Gottes, hörst: Gesegnet bist du in der Stadt, gesegnet bist du auf dem Land. Gesegnet ist die Frucht deines Leibes, die Frucht deines Ackers und die Frucht deines Viehs, die Kälber, Lämmer und Zicklein. Gesegnet ist dein Korb und dein Backtrog. Gesegnet bist du, wenn du heimkehrst, gesegnet bist du, wenn du ausziehst. Der Herr stößt die Feinde, die sich gegen dich erheben, nieder und liefert sie dir aus [...]. Der Herr öffnet dir den Himmel, seine Schatzkammer voll köstlichen Wassers: Er gibt deinem Land zur rechten Zeit Regen und segnet jede Arbeit deiner Hände. An viele Völker kannst du ausleihen, und du brauchst nichts zu entleihen. Der Herr macht dich zum Kopf und nicht zum Schwanz.«

Die Worte, die der Prophet Nathan an König David richtete, als dieser gerade seines Ehebruchs mit Batseba überführt wurde, sind von besonderer Schärfe:

> »So spricht der Herr, der Gott Israels: Ich habe dich zum König von Israel gesalbt, und ich habe dich aus der Hand Sauls gerettet. Ich habe dir das Haus deines Herrn und die Frauen deines Herrn in den Schoß gegeben, und ich habe dir das Haus Israel und Juda gegeben, und wenn das zu wenig ist, gebe ich dir noch manches andere dazu. Aber warum hast du das Wort des Herrn verachtet und etwas getan, was ihm mißfällt?« (2 Sam 12,7–9a).

Mit anderen Worten: »David, ich wollte so viel Gnade, Segen, Reichtum und Macht über deinem Leben ausschütten. Warum hast du alles verdorben?«

Ein reiches Erbe

Durch das ganze Alte Testament hindurch können wir Gottes Leitmotiv immer wieder erkennen, dass er sowohl bereit als auch willens ist, seine Reichtümer mit seinem Volk zu teilen. Im Neuen Testament wird dies erweitert und noch wertvoller gemacht. Dort erfahren wir, dass wir als Gottes Söhne und Töchter angenommen und mit Jesus Christus Erben seines herrlichen Königreichs geworden sind.

Jesus hat uns alle gelehrt, Gott *Vater* zu nennen, *Papa*, um genau zu sein. Das am meisten gebrauchte Gebet in der christlichen Kirche beginnt mit den Worten: »Vater unser …« Aus Liebe hat uns Gott »im voraus dazu bestimmt, seine Söhne zu werden durch Jesus Christus« (Eph 1,5); und »… bist du aber Sohn, dann auch Erbe, Erbe durch Gott« (Gal 4,7). Im Römerbrief im 8. Kapitel, Verse 16 –17, schreibt Paulus: »So bezeugt der Geist selber unserem Geist, dass wir Kinder Gottes sind. Sind wir aber Kinder, dann auch Erben; wir sind Erben Gottes und sind Miterben Christi, wenn wir mit ihm leiden, um mit ihm auch verherrlicht zu werden.«

Was für eine unglaubliche Wahrheit. Gott möchte uns mit Segen überschütten, da er uns als seine Söhne und Töchter angenommen hat! Als Kinder Gottes und rechtmäßige Erben gehören die Welt und das Universum uns! Sollten wir da jemals Bedenken haben, unserem Vater unsere Nöte anzuvertrauen? Das »mit ihm leiden« ist dabei ein Hinweis auf Jesus, der für uns alles, also jede Not, jedes Bedürfnis, »gelitten« hat – und durch seine Erlösung Sünde, Krankheit und Mangel beseitigt und ausgefüllt hat.

Großzügige Väter

Ich hatte Zugang zu allem, was mein Vater besaß, als ich alt genug war, ordentlich damit umgehen zu können. Eines seiner wertvollsten Besitztümer war eine Vierzehn-Meter-Segeljacht. Als ich in der achten Klasse war, sagte mein Vater öfter zu mir: »Warum nimmst du nicht einen deiner Kumpels, trampst nach South Haven und nimmst das Boot?« Als mein Bruder und ich unseren Führerschein hatten, war er mit seinem Wagen genauso großzügig. Wenn er nach dem Kauf eines neuen Autos heimkam, war das Erste, was er tat, uns je einen Schlüssel zu geben und zu sagen: »Hier, macht eine Spritztour. Wenn ihr den Wagen zu einer Verabredung braucht, könnt ihr ihn haben.«

Die meisten Väter sind liebend gerne großzügig zu ihren Kindern. Jesus wusste das und deshalb erklärte er Gottes Großzügigkeit am Beispiel von Vätern:

> »Oder ist einer unter euch, der seinem Sohn einen Stein gibt, wenn er um Brot bittet, oder eine Schlange, wenn er um einen Fisch bittet? Wenn nun schon ihr, die ihr böse seid, euren Kindern gebt, was gut ist, wie viel mehr wird euer Vater im Himmel denen Gutes geben, die ihn bitten« (Mt 7, 9–11).

Erkennen Sie das Bild, das Jesus zeichnet? Der Sohn hat den ganzen Tag lang draußen auf dem Feld gearbeitet. Als er heimkommt, ist er ausgehungert. Die Familie sitzt am Tisch und Schüsseln mit dampfendem, duftendem Essen werden herumgereicht. Können Sie sich einen Vater vorstellen, der dem Jungen einen Stein hinwerfen und sagen würde: »Hier, nag daran herum«? Oder noch schlimmer: einen, der seinem Sohn eine giftige Schlange vorsetzen würde? Kein irdischer Vater ist vollkommen, wir sind alle fehlerhaft. Aber uns allen ist klar, dass das eine Verzerrung der Wirklichkeit ist. Gute Väter wollen ihren Kindern gute Gaben geben – und unser himmlischer Vater will das auch.

Gott lieben

Aus irgendeinem Grund haben die meisten von uns Schwierigkeiten, die Gaben anzunehmen, die Gott uns geben will. Ich kann mich noch genau erinnern, wie ich früher, wenn Gott mir eine Sache schenkte, die ich mir gewünscht hatte, oder eine herzliche neue Beziehung, oft dachte: »Das war sicher ein Missverständnis oder Versehen von Gott. Warum sollte er das für mich tun?« In Wirklichkeit hatte ich aber Schuldgefühle, weil ich so viel Glück hatte, etwas irgendwie erlangt zu haben, was Gott mir doch bestimmt eigentlich gar nicht geben wollte.

Ich lerne gerade, Gott ein bisschen mehr Vertrauen zu schenken. Wenn schon unvollkommene Väter liebend gern ihren Kindern Gutes tun, stellen Sie sich vor, wie viel Freude es unserem vollkommenen Vater im Himmel macht, seinen geliebten Kindern gute Gaben zu geben.

Schauen Sie sich noch einmal die Aussagen vom Anfang dieses Kapitels an, Aussagen, die wir alle schon das eine oder andere Mal getroffen haben. Stellen Sie sich vor, wie brutal diese klingen würden, wenn sie die Haltung eines Vaters seinen Kindern gegenüber widerspiegeln würden:

- »Ich habe im Büro zu tun. Ich will nichts von deinem verlorenen Fahrrad oder deinem ungerechten Lehrer hören.«
- »Lass du mich mit deinen Sorgen zufrieden. Ich kümmere mich gerne um jeden, nur nicht um dich. Wenn du mich wirklich lieb hättest, würdest du mit Wasser und Brot auskommen.«
- »Natürlich bin ich reich, aber es gibt keinen Grund, warum ich dir irgendetwas geben sollte. Verschwinde.«

Gute Väter reden nicht so. Gute Väter sind wie mein Dad. Er war ein viel beschäftigter Mann, der in der ganzen Welt herumreiste. Wenn er im Büro war, war es sehr schwierig, an der Vermittlung und mehreren Sekretärinnen vorbeizukommen. Das ist der Grund, weshalb er einigen ausgewählten Geschäftspartnern, seiner Frau – und uns Kindern – seine Privatnummer gab. Wir wussten, dass wir ihn jederzeit anrufen konnten und ihn mit Sicherheit erreichen würden, egal, wie beschäftigt er war.

Ich habe auch einen Privatanschluss, der direkt auf meinem Schreibtisch klingelt. Die Nummer habe ich einigen Kirchenvorständen und Ältesten für Notfälle gegeben und ich habe sie selbstverständlich auch meiner Frau und meinen Kindern gegeben. Ich habe meinen Kindern gesagt, dass sie mich jederzeit und egal, aus welchem Grund, anrufen können. Glauben Sie mir, keine Stimme der Welt klingt lieblicher in meinen Ohren als die meiner Kinder. Wenn ich »Hallo, Papi« höre, ist mir alle Arbeit egal. Die kann warten. Meine Kinder haben für mich unbedingte Priorität.

Nehmen Sie nun die Gefühle eines Vaters für seine Kinder und multiplizieren sie diese angemessen, dann haben Sie ein Bild davon, wie Ihr himmlischer Vater für Sie empfindet. Keine Stimme der Welt klingt lieblicher in seinen Ohren als Ihre. Nichts in der Welt kann ihn davon abhalten, seine ganze Aufmerksamkeit Ihren Bitten zuzuwenden.

Hält Sie noch irgendetwas davon ab, ihm diese jetzt gleich ans Herz zu legen?

Kapitel 3

Gott ist fähig

Wenn Sie die Möglichkeit hätten, Gott um ein Wunder zu bitten in dem Wissen, dass er Ihre Bitte erfüllen würde, würden Sie ihn dann bitten:

- Ihre Ehe wiederherzustellen?
- etwas an Ihrer Arbeitssituation zu verändern?
- einen »verlorenen« Sohn oder eine Tochter wieder nach Hause zu bringen?
- ein körperliches Gebrechen zu heilen?
- Ihre Finanzen in Ordnung zu bringen?
- einen Ihrer Lieben zum Glauben zu bringen?

Was immer Ihre Bitte sein mag – bringen Sie diese regelmäßig und beständig im Gebet vor ihn, in dem Vertrauen, dass er in Ihre Situation eingreift? Wenn nicht, warum nicht?

Wird Gott damit fertig?

Die meisten von uns müssen zugeben, dass wir nicht allzu oft für unsere tieferen Nöte beten. Wir beginnen ganz zaghaft. Wir fangen an zu beten, doch bald stellen wir fest, dass unsere Gedanken abschweifen und wir leere Phrasen benutzen. Unsere Worte klingen unaufrichtig und oberflächlich und wir fühlen uns wie Heuchler. Sehr bald geben wir auf. Es erscheint uns leichter, mit jeder nur erdenklichen Schwierigkeit zu leben, anstatt beständig zu beten, aber scheinbar nicht gehört zu werden.

Wir wenden uns Gott zu, weil wir wissen, dass er uns seine liebenden Arme entgegenstreckt. Aber dann machen wir wieder einen Rückzieher und versuchen, aus eigener Kraft mit unseren Schwierigkeiten fertig zu werden. Plötzlich haben wir ganz grundlegend oder auch unbewusst Zweifel daran, ob Gott tatsächlich etwas an den Schwierigkeiten verändern kann.

Es ist schön und gut zu glauben, dass Gott uns liebt und uns helfen möchte. Es bleibt die Frage: Ist er *fähig* dazu? Wenn er es nämlich *nicht* ist, dann wird der gute Wille im Himmel und auf der Erde keine Veränderung bringen.

Seit Jahren ertrinkt unser Land in einem Meer roter Zahlen. Die Staatsverschuldung wächst ins Unermessliche. Unsere Handelsbilanz ist negativ. Schuldnernationen reden von Zahlungsunfähigkeit. Und doch hat trotz dieser bedenklichen Situation mich noch niemand gebeten, etwas dagegen zu tun – und zwar aus gutem Grund. Ich habe nämlich keinerlei Macht, einen Umschwung in der politischen Linie unseres Landes zu bewirken, der unsere wirtschaftlichen Probleme beheben könnte. Es wäre reine Zeitverschwendung, wenn Sie mich bitten würden, es zu versuchen. Deshalb bittet mich niemand darum, obwohl die Probleme ernsthaft sind und immer größer werden.

In vielen Teilen unserer Welt herrscht Krieg und Hass; Korruption, Missachtung der Menschenrechte und die Bereitschaft, Gewalt anzuwenden, wenn Worte nichts bewirken, gehören zum Alltag. Jedes Jahr müssen viele Menschen ihr Leben deshalb lassen. Doch noch nie hat jemand mich gebeten, etwas gegen diese beklagenswerten Zustände zu tun. Warum? Weil ich ganz offensichtlich keine Macht habe, auf der Erde Frieden zu schaffen, obwohl dieser dringendst notwendig wäre.

Im Herzen glauben

Viele von uns bedrücken persönliche Nöte und andere ernsthafte Probleme, die verheerende Auswirkungen auf unser Leben haben, aber wir bitten Gott noch immer nicht um Hilfe, weil wir trotz unseres Glaubens und Vertrauens in der Tiefe unseres Herzens *doch nicht glauben*, dass Gott die Macht hat, etwas dagegen zu tun.

Die Wahrheit ist natürlich die, dass Gott fähig ist, mit jedem Problem fertig zu werden, das wir zu ihm bringen. Planeten zu schaffen macht ihm keine Schwierigkeiten. Tote auferwecken genauso wenig. Für Gott ist nichts zu schwierig – aber er wartet darauf, dass wir seine Macht anerkennen und ihn um Hilfe bitten, indem wir uns an ihn persönlich in genau dieser Macht wenden.

Ich habe immer Ausreden für mein kleingläubiges Gebetsleben gehabt. »Ich habe keine guten Modelle für beharrliches Gebet«, sagte ich mir. »Ich muss so vielen Verpflichtungen nachkommen, ich habe keine Zeit, richtig zu beten.« Aber Gott machte mir klar, dass ich nicht ehrlich zu mir war. Der wahre Grund für mein kraftloses Gebetsleben war der, dass mein Glaube schwach war.

Mit meinem Verstand habe ich immer an Gottes Allmacht geglaubt. Ich habe darüber geschrieben und gepredigt. Aber allzu oft ist der Glaube nicht da hängen geblieben, wo es wirklich zählt – nämlich in meinem Herz. Wenn mein Herz sich nicht sicher ist, dann bete ich nicht für schwierige Situationen und bitte Gott, erdrückenden Nöten zu begegnen. Irgendwo tief in meinem Herzen habe ich keinen Glauben, dass Gott irgendetwas dagegen tun kann.

Während der Zeit, die ich mir im Sommer immer zum Studieren freinehme, verbringe ich jeden Tag einige Stunden mit Lesen, Planen und Beten in einem kleinen Raum, der Aussicht auf den Hafen gewährt. Als ich eines Morgens zusah, wie die Wellen an den Strand rollten, wurde mir das Problem in meinem Gebetsleben klar: In meinem Herzen glaubte ich nicht, dass Gott irgendetwas gegen das ganze Chaos um mich herum tun könnte. Ihm dies zu bekennen war sehr peinlich und unangenehm, aber es hatte reinigende Wirkung.

Ich beschloss, es nicht einfach dabei zu belassen, Gottes Allmacht zu bezweifeln. *Also nahm ich meinen Mangel an Überzeugung in Angriff: Ich öffnete die Bibel und machte alle Stellen im Alten und Neuen Testament ausfindig, die betonten, dass Gott alles vollbringen kann, was er möchte.*

Gottes Macht über die Natur

Zuerst schaute ich mir Textstellen an, die Gottes Macht über die Natur aufzeigten.

Wenn Gott beschloss, dass Meere oder Flüsse geteilt werden müssten, dann teilte er sie (Ex 14; Jos 3). Wenn sein Volk hungrig war, ließ er Essen vom Himmel fallen oder vermehrte Brote und Fische (Ex 16; Joh 6,1–13). Wenn ein Sturm das Leben seiner Jünger bedrohte, brachte er diesen zur Ruhe (Mk 4,35–41). Wenn seine

Truppen mehr Zeit brauchten, um das, was sie an Boden gewonnen hatten, zu befestigen, ließ er einfach die Sonne nicht untergehen (Jos 10,12–14).

Eine Geschichte, die mir besonders gut gefiel, berichtet von Moses Enttäuschung, als sein Volk Durst hatte (Ex 17,1–7). Er brachte ihren Mangel an Wasser vor Gott und Gott sagte: »Siehst du diesen Fels?«

Ich kann mir vorstellen, wie Mose sagte: »Ja, aber was hat das denn mit Wasser zu tun? Wenn wir Wasser brauchen, müssen wir den Boden absuchen.«

Gott antwortete: »Nein. Ich möchte nicht, dass ihr denkt, ihr wärt zufällig auf einen tiefen Brunnen gestoßen. Ich möchte, dass ihr wisst, wer Macht über die Natur hat. Ich werde das Wasser direkt aus der Seite dieses trockenen Felsens herausfließen lassen.« Und genau das tat er. Ich las all diese Bibelstellen, die von Gottes Macht über die Natur erzählen, immer wieder, bis ich davon überzeugt war, dass diese Ereignisse tatsächlich stattgefunden haben.

Macht über Umstände

Als Nächstes sah ich mir an, wie Gottes Kraft aussichtslose Situationen verändern kann.

Als am ersten Pfingsten der Heilige Geist auf die Gläubigen fiel, gingen viele hinaus und predigten, dass Christus von den Toten auferstanden und der Retter der Welt sei. Das Ergebnis davon war, dass sich Tausende von Menschen zu dieser neuen christlichen Bewegung bekehrten. Das machte sowohl die römischen Beamten als auch die traditionellen jüdischen Führer nervös. Sie fühlten sich bedroht und fürchteten, die Autorität über das Volk zu verlieren.

Also stellten sich die römischen und jüdischen Führer gegen diese Bewegung. Zuerst nahmen sie einige führende Christen fest und beschimpften sie öffentlich. Das nützte gar nichts, denn die Christen sagten, dass sie gar nicht anders könnten, als über das zu reden, was sie gesehen und gehört hatten.

Als Nächstes nahmen sie einige der Jünger gefangen, folterten sie und warfen sie ins Gefängnis. Auch dies hatte keine anhaltende Wirkung. Wenn sie dann wieder freigelassen wurden, redeten sie mit noch größerer Unerschrockenheit von Christus.

Schließlich nahm Herodes Agrippa, der Statthalter von Jerusalem, den Apostel Jakobus, den Bruder des Johannes, fest und ließ ihn hinrichten. Anschließend plante er, auch Petrus zu töten (Apg 12).

Er ließ Petrus während des Passahfestes festnehmen, was verhängnisvolle Folgen für seine Pläne haben sollte. Um die jüdischen Traditionen zu wahren, konnte er den Apostel nämlich nicht während der Woche des Passahfestes hinrichten lassen. Also sollte Petrus vor seiner Hinrichtung noch einige Tage im Gefängnis verbringen.

Um sicherzugehen, dass nicht andere Christen ihren Leiter befreien würden, ließ er Petrus streng bewachen. Sechzehn römische Soldaten wurden dazu abgestellt. Einer war an sein linkes, einer an sein rechtes Handgelenk gekettet. Wachposten sicherten den Zelleneingang.

Die christlichen Freunde von Petrus trafen sich nicht, um einen Ausbruch aus dem Gefängnis vorzubereiten. Sie wussten, dass jede menschliche Vorgehensweise aussichtslos sein würde. Stattdessen beteten sie. Aber Petrus blieb im Gefängnis und der Tag seiner Verhandlung rückte immer näher.

Voller Staunen über Gottes Antwort

In der Nacht vor der Verhandlung und der Hinrichtung trafen sie sich bei Maria, der Mutter von Johannes Markus, um die ganze Nacht hindurch im Gebet zu wachen. Petrus, der im Leben wie im Sterben ganz auf Christus vertraute, schlief zwischen seinen Bewachern.

> »Plötzlich trat ein Engel des Herrn ein, und ein helles Licht strahlte in den Raum. Er stieß Petrus in die Seite, weckte ihn und sagte: Schnell, steh auf! Da fielen die Ketten von seinen Händen. Der Engel aber sagte zu ihm: Gürte dich, und zieh deine Sandalen an! Er tat es. Und der Engel sagte zu ihm: Wirf deinen Mantel um, und folge mir! Dann ging er hinaus, und Petrus folgte ihm, ohne zu wissen, dass es Wirklichkeit war, was durch den Engel geschah; es kam ihm vor, als habe er eine Vision. Sie gingen an der ersten und an der zweiten Wache vorbei und kamen an das eiserne Tor, das in die Stadt führt; es öffnete sich ihnen von selbst. Sie traten hinaus und gingen eine Gasse weit; und auf einmal verließ ihn der Engel« (Apg 12,7–10).

Verblüfft schaute Petrus sich um. Stimmte das wirklich? War er frei? Hatte tatsächlich ein Engel diese Gefängnistore geöffnet? Als ihm die Wahrheit dämmerte, ging er auf schnellstem Weg zu den versammelten Gläubigen.

Ein Dienstmädchen reagierte auf sein Klopfen. Als sie seine Stimme hörte, schrie sie auf vor Freude und rannte zurück, um den betenden Gläubigen zu erzählen, dass ihre Gebete erhört worden waren.

> »Da sagten sie zu ihr: Du bist nicht bei Sinnen. Doch sie bestand darauf, es sei so. Da sagten sie: Es ist sein Engel. Petrus aber klopfte noch immer. Als sie öffneten und ihn sahen, staunten sie« (Apg 12,15–16).

Die Christen des ersten Jahrhunderts hatten nicht mehr Veranlassung als die des zwanzigsten Jahrhunderts, zu glauben, dass Gott als Antwort auf ihre Gebete durch ein Wunder Umstände verändern würde. Aber sie beteten trotzdem. Und Gott belohnte ihren doch etwas unvollkommenen Glauben – nicht, indem er ihnen tröstende Visionen schenkte, sondern indem er Dinge zum Besseren wendete.

Macht über Menschen

Dann schaute ich Stellen an, die zeigen, dass Gottes Kraft die Herzen von Menschen verändern kann.

Gott konnte den schüchternen Mose zum Leiter machen (Ex 3–4), das harte Herz des Pharao erweichen (Ex 11,1–8), den entmutigten Elia davon abhalten, aufzugeben (1 Kön 19,15), und den fanatischen Verfolger Saul zu einem glühenden Apostel machen (Apg 9,1–31).

Wenn wir uns noch einmal den Apostel Petrus anschauen, sehen wir, wie gewaltig sich Gottes Kraft in seinem Leben auswirkte. Im Gefängnis war Petrus so erfüllt von Glaube und Friede, dass er tief schlafen konnte, obwohl er wusste, dass er am nächsten Tag getötet werden sollte. Vor zehn oder fünfzehn Jahren war Petrus ein anderer Mann gewesen.

Als Jesus mitten in der Nacht gefangen genommen und vor die religiösen und staatlichen Behörden gezerrt wurde, rannten die meisten Jünger völlig verschreckt davon. Petrus folgte seinem Meister bis in den hohepriesterlichen Gerichtshof, was ihm hoch angerechnet werden muss. Aber dort verließ ihn der Mut. *Sie werden ihn töten,* dachte er, *und dann werden sie anfangen, sich nach seinen Freunden umzusehen. Ich spiele jetzt besser ein bisschen Theater.*

Also versuchte Petrus – der um sein Leben fürchtete, obwohl niemand es bedroht hatte –, einige Diener davon zu überzeugen, dass er nichts mit Jesus zu tun hatte, was ihm allerdings nicht gelang.

Jesus wusste, dass Petrus ihn verleugnen würde, er wusste aber auch, dass durch Gottes mächtige Kraft aus Petrus dem Feigling eines Tages Petrus der Fels werden würde, der Leiter der ersten Gemeinde (Mt 16,18–19). »Simon, Simon«, sagte Jesus zu Petrus in jener Nacht der Festnahme und der Verleugnung, »der Satan hat verlangt, dass er euch wie Weizen sieben darf. Ich aber habe für dich gebetet, dass dein Glaube nicht erlischt. Und wenn du dich wieder bekehrt hast, dann stärke deine Brüder« (Lk 22,31–32).

Nach der Kreuzigung war Petrus ein gebrochener Mann. Er konnte sich unmöglich selbst wieder fangen. Nur Gottes Kraft konnte ihn verändern. Und das tat sie, wie wir in der Apostelgeschichte beobachten können.

Ich untersuchte die Wirkung von Gottes Kraft im Leben von Menschen, bis ich auch hierbei wieder überzeugt davon war, dass Gott einen Weg finden würde, das zu tun, was er wollte – und zwar in jedem Leben, das er verändern wollte. Und ich rief mir ins Gedächtnis zurück, dass das nicht nur Erzählung, sondern jeweils tatsächlich geschehen war.

Der Gleiche – gestern, heute und in Ewigkeit

Ich untersuchte all diese Textstellen, da ich der Lehre von Gottes Allmacht nicht nur zustimmen wollte (das tat ich bereits); nein, ich wollte sie mir *zu Eigen* machen, was etwas völlig anderes ist. Ich wollte einer sein, der sagen kann: »Mir ist gleichgültig, was andere Leute denken. Mir ist die Meinung der Wissenschaftler unwichtig. Ich glaube, dass Gott seine Allmacht in der Geschichte gezeigt hat.«

Aber es ist eine Sache, die Wahrheit von Gottes Allmacht als etwas Unabhängiges und weit über unser neuzeitliches Geschichts- und Zeitverständnis Hinausgehendes zu begreifen; eine ganz andere

Sache ist es, diese Wahrheit seiner Allmacht jetzt und heute auf meine Umgebung, auf meine Probleme und Belange und auf mein Leben zu übertragen. Um dies zu glauben, muss ich festhalten, dass Gott sich nicht verändert, dass er *unveränderlich* ist.

Die Lehre von Gottes Unveränderlichkeit ist gegründet auf Bibelstellen wie der im Buch Maleachi, im 3. Kapitel, Vers 6: »Ich, der Herr, habe mich nicht geändert«, oder der Stelle im Hebräerbrief, im 13. Kapitel, Vers 8: »Jesus Christus ist derselbe gestern, heute und in Ewigkeit.« Gott hat sich nicht verändert. Er wird nicht alt und seine Kraft schwindet nicht. »Weißt du es nicht, hörst du es nicht? Der Herr ist ein ewiger Gott, der die weite Erde erschuf. Er wird nicht müde und matt« (Jes 40,28). Wenn er schon früher fähig war, die Natur zu beherrschen und Menschen und Umstände zu verändern, dann ist er heute erst recht in der Lage dazu.

Gott ist nichts unmöglich – die Bibel wiederholt diese Worte immer wieder. Es ist für ihn nicht unmöglich,

- drei seiner Nachfolger aus dem glühenden Feuerofen zu retten (Dan 3,17).
- Daniel vor den Mäulern der Löwen zu retten (Dan 6,20–22).
- der neunzigjährigen Sara ein Kind zu schenken (Röm 4,18–21).
- denen, die ihm nachfolgen, alles zu geben, was sie brauchen (2 Kor 9,8).
- alle zu retten, die durch Jesus zu Gott kommen (Hebr 7,25).
- unendlich viel mehr zu tun, als wir erbitten oder uns ausdenken können (Eph 3,20).

Gott ist nichts unmöglich. Genauso wie Gott diese Wahrheit in mein Herz eingebrannt hat, habe ich diese Worte in einen Holzklotz eingebrannt, der so steht, dass ich ihn sehen kann, wenn ich zum Beten niederknie. Es ist mir sehr wichtig, daran erinnert zu werden, denn es ist sinnlos zu beten, wenn ich nicht glaube, dass Gott mich erhören kann.

Was es Sie auch kosten mag, sich die Lehre von Gottes Macht zu Eigen zu machen – tun Sie es! Bis diese Wahrheit Ihnen nicht in Fleisch und Blut übergegangen ist, werden Sie ein kleingläubiger Beter sein. Sie werden auf den Knien ein paar Wünsche äußern, aber solange Sie nicht in Ihrem Herz wissen, dass Gott nichts unmöglich ist, werden Sie nicht beharrlich beten können.

Ein »Kämpfer des Gebets« ist jemand, der davon überzeugt ist, dass Gott allmächtig ist – dass Gott die Macht hat, alles zu tun, jeden zu verändern und in jede Situation einzugreifen. Jemand mit diesem Glauben weigert sich, an Gott zu zweifeln.

Die persönliche Einladung an Sie

Im zweiten Kapitel haben wir gesehen, dass Gott unbedingt seine guten Gaben über uns ausschütten möchte. Nun wissen wir, dass er nicht nur willens, sondern auch fähig ist, uns mehr zu segnen, als wir uns je vorstellen können. Aber manche von uns zögern immer noch und möchten nur ungern uneingeladen in die Gegenwart des Königs des Universums platzen.

Zögern Sie nicht länger! Gott hat Sie in Christus persönlich eingeladen, sich jederzeit an ihn zu wenden. Es ist gar nicht möglich, uneingeladen in seine Gegenwart zu kommen, denn Gottes Wort sagt uns: »Betet ohne Unterlaß!« (1 Thess 5,17).

Wenn Sie noch kein Christ sind, lautet Gottes Einladung folgendermaßen: »Kommt alle zu mir, die ihr euch plagt und schwere Lasten zu tragen habt. Ich werde euch Ruhe verschaffen. Nehmt mein Joch auf euch und lernt von mir; denn ich bin gütig und von Herzen demütig; so werdet ihr Ruhe finden für eure Seele« (Mt 11,28–29).

Sie können für alles beten: »Sorgt euch um nichts, sondern bringt in jeder Lage betend und flehend eure Bitten mit Dank vor Gott!« (Phil 4,6).

Sie können überall beten, egal, wo Sie sich befinden: »Ich will, daß die Männer überall beim Gebet ihre Hände in Reinheit erheben« (1 Tim 2,8).

Sie brauchen sich nicht zu fürchten: »Laßt uns also voll Zuversicht hingehen zum Thron der Gnade, damit wir Erbarmen und Gnade finden und so Hilfe erlangen zur rechten Zeit« (Hebr 4,16).

Auch wenn Sie in Jesu Namen beten, können Sie sicher sein, dass Ihre Bitten direkt an Gott gehen: »Ich sage nicht, daß ich den Vater für euch bitten werde; denn der Vater selbst liebt euch« (Joh 16,26–27).

Es wäre Dummheit, Gottes Einladung nicht anzunehmen: »Ihr erhaltet nichts, weil ihr nicht bittet« (Jak 4,2).

Wenn Sie Gottes Einladung annehmen, werden Wunder anfangen zu geschehen. Wenn Sie einmal tief in Ihrem Herzen begriffen haben, dass Gott willens ist, dass ihm nichts unmöglich ist und dass er Sie eingeladen hat, vor seinen Thron zu kommen und ihn um Dinge zu bitten, dann werden Sie die Veränderungen, die sich in Ihrem Leben – in Ihrer Ehe, Ihrer Familie, Ihrem Beruf, Ihrem Dienst und beim Zeugnisgeben – ereignen, gar nicht fassen können.

Er wartet, dass Sie sich an ihn wenden

Gott interessiert sich für Ihre Gebete, weil er sich für Sie interessiert. Alles, was für Sie wichtig ist, hat für ihn absolute Priorität. Nichts im ganzen Universum kümmert ihn so sehr wie das, was heute in Ihrem Leben geschieht. Sie müssen ihn nicht nerven, damit er Ihnen seine Aufmerksamkeit zuwendet. Sie müssen nicht Stunden auf den Knien verbringen, sich geißeln oder fasten, um zu zeigen, dass Sie es ernst meinen. Er ist Ihr Vater, er möchte hören, was Sie zu sagen haben. Ja, er wartet nur darauf, dass Sie sich an ihn wenden.

Wenn eines meiner Kinder mich anrufen und sagen würde: »Papi, bitte, bitte, bitte, ich bitte dich, ich ersuche dich, ich flehe dich an, dass du meinem Wunsch Gehör schenkst«, dann würde ich sagen: »Hey, mach mal langsam! Was du mir da unterstellst, gefällt mir nicht. Du musst hier keine Klimmzüge machen. Was in meinem Leben ist wichtiger als du? Gibt es irgendetwas, das mir mehr Freude macht, als mich um deine Nöte zu kümmern? Nein. Also, was kann ich für dich tun?«

Gott sagt: »Komm in meine Gegenwart. Rede mit mir. Lass mich all deine Belange wissen. Du bist mir sehr wichtig, weil ich dein Vater bin. Ich kann dir helfen, weil alle Macht im Himmel und auf der Erde mir gehört. Und ich höre sehr genau hin.«

Kapitel 4

Bodybuilding fürs Herz

Gott hat uns eingeladen, in seine Gegenwart zu kommen. Er hat uns gesagt, dass er mit uns und in uns ist, dass er darauf wartet, von uns zu hören, und dass er uns antworten kann und wird. Und was noch besser ist: Er hat uns auch die Gewohnheiten genannt, die wir entwickeln müssen, um das Beste aus seinen Segnungen zu machen.

Vor einer Weile half ich einem Freund dabei, den Tod seines Vaters zu betrauern. Während eines unserer Gespräche sagte er: »Du musst doch total schockiert gewesen sein, als dein eigener Vater in so jungen Jahren gestorben ist.«

»Na ja, ja und nein«, sagte ich. »An dem Morgen, als mein Bruder anrief und mir mitteilte, dass unser Vater an einem Herzanfall gestorben war, war das schon ein Schock. Aber dass er früh starb, hat mich ganz und gar nicht überrascht.«

Der frühe Tod meines Vaters war vorauszusehen gewesen, weil er eine Furcht erregende Familiengeschichte der Herzkrankheiten vorzuweisen hatte. Und was noch schlimmer war, er hatte schreckliche Angewohnheiten. Er sagte immer: »Ich esse nichts, das nicht in Motoröl gekocht ist!« Er trieb niemals Sport. Er schlief vollkommen unregelmäßig und viel zu wenig. Und er stand sein ganzes Erwachsenenleben lang in einem extrem stressigen Beruf.

Auf Grund dieses von ihm selbst gewählten Lebensstils litt er an Verdauungsstörungen, Herzschmerzen und Bluthochdruck. Er hatte zehn Kilo Übergewicht, konnte nicht einmal nur flott spazieren gehen und hatte immer wieder Erschöpfungszustände. Zum Ende seines Lebens hin war er nicht einmal mehr in der Lage, die einfachsten Handgriffe auf seinem geliebten Segelboot auszuführen. Seine schlechten Gewohnheiten führten nicht nur zu seinem frühen Tod; sie erschwerten auch sein Leben.

Die Suche nach dem Zauberstab

Unsere Seelen haben genau wie unsere Körper bestimmte Bedürfnisse, ohne die sie nicht leben und wachsen können. Manche Menschen scheuen die Kosten, die es mit sich bringt, wenn man gute geistliche Gewohnheiten entwickeln will. Traurigerweise müssen sie im Endeffekt einen ungleich höheren Preis bezahlen: geistliche Krankheit und sogar den Tod.

Im vergangenen Jahr kam ein verzweifelter Mann zu mir. »Ich habe meinen Job verloren«, erzählte er mir. »Seit Monaten suche ich nach einer anderen Anstellung, aber es hat keinen Zweck.« Und die Arbeitslosigkeit war noch nicht sein größtes Problem. »Ich fühle mich so allein in dieser Sache! Niemand in der Kirche scheint sich für mich zu interessieren. Manchmal denke ich, nicht mal Gott kümmert sich um mich. Ich fühle mich vollkommen hilflos und hoffnungslos.«

Ich habe ihn dann nach seinen geistlichen Gewohnheiten befragt: Sorgte er dafür, dass sein Glaube Nahrung bekam? Wie oft betete er – wie oft kam er mit Gott zusammen und hörte auf seine Worte? Besuchte er regelmäßig den Gottesdienst? Pflegte er Freundschaften mit anderen Christen? Bemühte er sich darum, anderen eine Hilfe zu sein?

Nein, sagte er, er tue nichts davon. »Ich habe einfach keine Zeit für so etwas«, erklärte er. Ich erinnerte ihn vorsichtig daran, dass er als arbeitsloser Single wahrscheinlich mehr Zeit hatte als alles andere. Daraufhin warf er mir einen Blick zu, den ich schon oft gesehen habe; er besagte: »Hey, ich habe Probleme! Das Letzte, was ich jetzt brauchen kann, ist eine To-do-Liste von einem Pastor!«

Dieser Mann wollte, dass jemand vor ihm einen Zauberstab schwenkte und ihm Mut zusprach. Er behauptete, Gottes Gegenwart in seinem Leben haben zu wollen, aber er weigerte sich, Gewohnheiten anzunehmen, die seine geistliche Gesundheit förderten.

Eiserne Disziplin

Wenn wir Gebet zu einer Gewohnheit machen, sind wir uns Gottes Gegenwart ständig bewusst und immer offen für seinen Segen. Wie macht man Beten zu einer Gewohnheit? Jesus hat da ein paar Prinzipien festgelegt. Doch bevor wir diese diskutieren, muss ich zwei Warnungen aussprechen:

Die erste Warnung gilt denjenigen, die Listen und Formulare lieben. Sie machen sich bei Predigten Notizen und unterstreichen, während Sie lesen. Eigentlich praktizieren Sie bereits ein ziemlich rigoroses geistliches Regiment. Bevor Sie jetzt dienstbeflissen Ihre Liste der geistlichen Pflichten verlängern, lehnen Sie sich erstmal zurück! Brauchen Sie mehr Gewohnheiten – oder einfach effektivere? Müssen Sie sich noch mehr belasten – oder sollten Sie Ihre schwere Last zu Jesus bringen?

Ich habe die Befürchtung, dass für viele Christen geistliche Übungen ganz schnell zu einer Art eisernen Disziplin werden, voll gestopft mit Anforderungen, die alle Lebenskraft, Spontaneität und jeden Hauch von Abenteuer aus dem Glauben herausquetschen. Für solche Menschen bringt der Glaube an Jesus Christus keine Freiheit mehr. Religion wird zu einer schweren Last. So können die wenigsten Menschen lange leben. Manche, die wirklich hart daran arbeiten, bekommen schließlich eine so selbstherrliche Haltung, dass man sich wünscht, sie würden versagen.

In seinem Brief an die Galater warnt Paulus diese »Listen-Christen«: »Zur Freiheit hat uns Christus befreit. Bleibt daher fest und laßt euch nicht von neuem das Joch der Knechtschaft auflegen!« (Gal 5,1).

Eine nicht verhandelbare Entscheidung

Meine zweite Warnung gilt denjenigen, die den entgegengesetzten, aber ebenso fatalen Fehler machen. Sie denken: *Ich brauche keine Strukturen oder starren Gewohnheiten, damit mein Glaube wächst. Ich spiele nach Gehör; ich lasse Gott tun, was immer er möchte, und dann sehe ich ja, was passiert.*

Diese typisch amerikanische Haltung ist bestenfalls naiv; schlimmstenfalls ist sie Selbstbetrug. Wir können ohne Strukturen und ohne eine gewisse Absicht, unser geistliches Leben zu nähren und zu pflegen, auf die Dauer nicht bestehen; genauso wenig wie wir abnehmen oder Muskeln aufbauen können, wenn wir uns einfach zurücklehnen und abwarten, was passiert.

Wenn mir ein Ziel wirklich wichtig ist, dann diszipliniere ich mich, um es zu erreichen. Ich entscheide *vorher*, dass Übung eine nicht verhandelbare Entscheidung ist, um dieses Ziel zu erreichen. Anderenfalls – darauf können Sie wetten! – versage ich im letzten Moment. Eines meines großen Ziele ist es zum Beispiel, möglichst lange am Leben und gesund zu bleiben. Ich weiß, dass ich auf Grund meiner erblichen Vorbelastung verrückt wäre, wenn ich nicht brav jeden Tag Sport treiben würde. Also habe ich eine Entscheidung getroffen: Ich werde jeden Tag joggen gehen und diese Zeit steht nicht zur Disposition.

Ich warte damit nicht, bis ich Lust habe, laufen zu gehen. Seien wir ehrlich – wann habe ich schon Lust dazu? Heute nicht … da muss ich länger im Büro bleiben. Mein Biorhythmus ist heute nicht in Ordnung. Es ist zu warm. Es regnet. Es ist zu kalt. Meine Schuhe sind zu eng. Mein Knie tut weh. Die Couch sieht so einladend aus … Die Liste der Ausreden ist endlos.

Wenn wir mit dem Beten ernst machen wollen, ist es Zeit für eine Entscheidung: *Ich werde lernen, mir jede Gewohnheit zu Eigen zu machen, die für mein Gebetsleben notwendig ist, und ich werde diese Gewohnheiten regelmäßig und ohne Ausnahme üben.*

Gute Gebetsgewohnheiten zu entwickeln ist nicht verhandelbar. Ich weiß, dass keine Übung aus sich heraus eine Beziehung zwischen Gott und mir herstellen kann. Doch ich weiß auch, dass ich keine reichen, lohnenden Erfahrungen mit dem Gebet machen werde, wenn ich es ganz ohne Übung versuche.

Fragen Sie jemanden, der sich damit auskennt!

Wie können wir also diese Bodybuilding-Übungen für unsere Herzen erlernen, die Gewohnheiten, die unsere Freiheit erweitern und geistliche Flügel verleihen? Wie uns die Gelben Seiten schon sagen: »Fragen Sie jemanden, der sich damit auskennt!« Wenn Sie etwas über Basketball wissen wollen, fragen Sie Michael Jordan. Wenn Sie wissen wollen, wie man ein Interview führt, fragen Sie Jay Leno. Wenn Sie das Computergeschäft kennen lernen wollen, fragen Sie Bill Gates.

Es macht Sinn, dass wir den größten Experten befragen sollten, wenn wir etwas über Gebet wissen wollen – Jesus Christus selbst.

Niemand in der Geschichte der Menschheit hat Gebet besser verstanden als Jesus. Niemand hat fester an die Kraft des Gebets geglaubt und niemand hat je so gebetet wie er. Seine Jünger erkannten sein Fachwissen. Einmal stolperten sie über ihn, als er in der Zurückgezogenheit betete (Lk 11,1). Sie waren von seiner Ernsthaftigkeit und Intensität so bewegt, dass sie ihn vorsichtig fragten: »Würdest du uns beten lehren?« Sie wussten, dass sie im Vergleich zu ihrem Meister Erstklässler in der Schule des Gebets waren.

Gebetsprinzipien Jesu

Jesus hat sich dieser Bitte nicht verweigert; stattdessen nutzte er die Gelegenheit, sie das Beten zu lehren. Dies hat er gesagt:

> »Wenn ihr betet, macht es nicht wie die Heuchler. Sie stellen sich beim Gebet gern in die Synagogen und an die Straßenecken, damit sie von den Leuten gesehen werden [...]. Du aber geh in deine Kammer, wenn du betest, und schließ die Tür zu; dann bete zu deinem Vater, der im Verborgenen ist. Dein Vater, der auch das Verborgene sieht, wird es dir vergelten. Wenn ihr betet, sollt ihr nicht plappern wie die Heiden; die meinen, sie werden nur erhört, wenn sie viele Worte machen. Macht es nicht wie sie; denn euer Vater weiß, was ihr braucht, noch ehe ihr ihn bittet. So sollt ihr beten: Unser Vater im Himmel, dein Name werde geheiligt, dein Reich komme, dein Wille geschehe wie im Himmel, so auf der Erde. Gib uns heute das Brot, das wir brauchen. Und erlaß uns unsere Schulden, wie auch wir sie unseren Schuldnern erlassen. Und führe uns nicht in Versuchung, sondern rette uns vor dem Bösen« (Mt 6,5–13).

Keine andere Bibelstelle sagt uns so direkt, wie wir beten sollen, und der Rat, den Jesus seinen Jüngern vor zweitausend Jahren gegeben hat, gilt für uns heute noch genauso:

1. *Bete regelmäßig.* Jesus sagte: »*Wenn* du betest«, nicht »*Falls* du betest«!
2. *Bete für dich allein.* Gott ist nicht beeindruckt von öffentlichen Darstellungen unserer Geistlichkeit.
3. *Bete ernsthaft.* Gott will keine Formeln hören. Er möchte, dass wir ihm mitteilen, was in unseren Herzen ist.

4. *Bete konkret.* Nehmen Sie sich das Vaterunser als Vorbild.

Im nächsten Kapitel werden wir uns Jesu Gebetsprinzipien genauer ansehen, eins nach dem anderen. Außerdem werden wir uns mit einigen »herzstärkenden« Gewohnheiten befassen – Disziplinen, Übungen, Methoden, die uns helfen können, diese Prinzipien auf unser Gebetsleben anzuwenden.

Kapitel 5

Beten wie Jesus

Als die Jünger Jesus um Unterweisung im Gebet baten, fing er mit folgenden Worten an: »Wenn ihr betet ...« (Mt 6,5). Er ging einfach davon aus, dass die Jünger regelmäßige Gebetszeiten hatten.

Das ist ein ziemlich hoher Anspruch an die heutigen Jünger Jesu. Die meisten von uns würden sagen, dass wir einfach nicht die Zeit für tägliches Gebet haben. Aber wollen wir nicht, dass das Gebet zu einem lebenswichtigen Teil unserer Existenz wird? Egal, auf welchem Gebiet wir uns weiterentwickeln wollen – Klavierspiel, Basketball, körperliche Fitness –, dazu müssen wir regelmäßig trainieren. Das Segelteam aus Neuseeland, das am »America's Cup« teilnahm, hat sich zwei Jahre lang intensiv auf diese Regatta vorbereitet – sechs Tage in der Woche, acht Stunden am Tag und sie haben die Segelmanöver auf ein Niveau angehoben, das noch nie jemand erreicht hatte. Menschen, denen etwas wichtig ist, schaffen für diese Sache immer Raum in ihren Plänen.

Es ist so wichtig, eine regelmäßige Zeit für das Gebet einzuplanen, weil es ohne Regelmäßigkeit niemals zu einer Gewohnheit werden kann. Wenn wir in Gottes Gegenwart leben wollen, müssen wir einmal am Tag die Welt ausschalten und uns ganz auf Gott einstellen – jeden Tag, ohne Ausnahme. Wir müssen unsere Sorgen beiseite legen und uns auf Gott konzentrieren, auf ihn sehen, mit ihm reden und still vor ihm sein.

Ablenkungen ausschalten

Manche Leute beten an öffentlichen Plätzen, in Versammlungen und zur Essenszeit, nur damit sie gesehen und gehört und für religiös gehalten werden. Aber Jesus sagt, dass man beim Beten keine Zuschauer braucht. Wir sollen nicht beten, um zu zeigen, wie geistlich wir sind. »Vergiss es«, sagt Jesus. »Wenn du betest, geh in dein Zimmer und mach die Tür zu.« Suchen Sie sich ein Kämmerchen, ein leeres Büro, die Werkstatt draußen in der Garage, irgendeinen stillen Ort, wo keine Leute sind und Sie mit Gott allein sind.

Warum wird das Alleinsein betont? Warum soll man die Tür schließen? Dafür gibt es zuerst einen offensichtlich praktischen Grund. Ein Ort, an dem Sie allein sind, garantiert Ihnen ein Minimum an Ablenkung. Für die meisten Leute ist Ablenkung geradezu tödlich, wenn es darum geht, Gott zu begegnen. Fast jede Art von Lärm – Stimmen, Musik, ein klingelndes Telefon, Kinder, Hunde, Vögel – kann mir die Konzentration beim Beten rauben. Sogar eine tickende Uhr kann mich mit ihrem Rhythmus so einnehmen, dass ich am Ende mit dem Fuß klopfe und einen Country-Song auf den Taktschlag singe. Jesus weiß, wie unser Geist funktioniert, und er rät: »Bemühe dich nicht, gegen Ablenkungen zu kämpfen, weil du verlieren wirst. Vermeide sie. Such dir einen ruhigen Ort, an dem du ohne Unterbrechung beten kannst.«

Diese praktischen Gründe für das Alleinsein sind wichtig, aber ich denke, in Jesu Rat, an einem stillen Ort zu beten, liegt noch tiefere Weisheit. Wenn Sie einen solchen Ort gefunden haben und anfangen, ihn regelmäßig zu nutzen, dann umgibt ihn eine Art Aura. Ihr Gebetsraum, auch wenn es eine Waschküche im Keller ist, wird für Sie das, was der Garten Getsemani für Jesus wurde – ein heiliger Ort, der Ort, an dem Gott Ihnen begegnet.

Eine besondere Atmosphäre schaffen

Einige Ehepaare haben ein Lieblingsrestaurant, in das sie an bestimmten Abenden hingehen. Sie mögen die Atmosphäre. Es fällt ihnen leicht, in dieser Umgebung zu reden, und sie freuen sich immer darauf, dort hinzugehen. Es ist ein besonderer Ort in ihrer Beziehung.

Manche Familien haben einen Ort, an dem sie immer die Ferien verbringen und der für sie fast wie ein zweites Zuhause ist. Sie erleben dort wunderbare Dinge, besondere Erinnerungen werden geprägt und alle freuen sich auf ihre Ferien.

Wenn Sie einen stillen Ort zum Gebet schaffen, werden Sie sich mit der Zeit ebenfalls darauf freuen, dort hinzugehen. Sie werden anfangen, die vertraute Umgebung, das Blickfeld und die Gerüche zu schätzen. Sie werden die besondere Atmosphäre an dem Ort, wo Sie sich zwanglos mit Gott unterhalten, lieb gewinnen .

Ich habe mir einen solchen Gebetsraum bei der Anrichte in einer Ecke meines früheren Büros eingerichtet. An den Platz, an dem ich bete, habe ich eine offene Bibel gelegt, ein Schild, auf dem steht »Gott ist nichts unmöglich«, eine Dornenkrone, die mich an den leidenden Erlöser erinnert, und einen Hirtenstab, den ich oft hochhalte, wenn ich um etwas bitte.

Diese Büroecke wurde für mich zu einem heiligen Ort. Ich kam immer so gegen sechs Uhr in der Frühe dorthin, wenn niemand da war und noch keine Telefonanrufe zu erwarten waren, und unterhielt mich dort mit dem Herrn. Ich schüttete ihm mein Herz aus, betete ihn an, betete für Mitglieder meiner Gemeinde und erfuhr bemerkenswerte Gebetserhörungen.

Seit kurzem habe ich ein anderes Büro und damit auch eine neue Gebetsecke. Aber ich vermisse die alte – nicht, weil an der Ecke selbst irgendetwas Heiliges wäre, sondern wegen all dem, was sich dort ereignet hat. Mehrere Jahre lang habe ich mich dort jeden Morgen mit dem Herrn getroffen und er hat sich treu mit mir unterhalten. An diese Ecke zu denken ist wie an zu Hause zu denken.

Wenn Sie beten lernen wollen, dann suchen Sie sich einen ruhigen Ort, der frei von Ablenkungen ist. Es muss keine Kapelle sein. Es kann der Abstellraum, die Vorratskammer, der Stall, Ihr Büro oder der Vordersitz Ihres Wagens sein, solange die Umgebung nur vertraut und ruhig ist. Nehmen Sie sich Ihre beste Zeit, um dort hinzugehen – den Morgen, wenn Sie ein Frühaufsteher, den späten Abend, wenn Sie ein Nachtschwärmer sind – eben dann, wann Sie sich am muntersten fühlen. Treffen Sie sich dort regelmäßig mit Gott, jeden Tag.

Wirklich meinen, was wir beten

Jesus hat seinen Jüngern nicht nur gesagt, dass sie allein beten sollen, sondern auch, dass sie ehrlich beten sollen. »Ihr sollt nicht plappern«, sagte er. Seien Sie vorsichtig mit abgedroschenen Phrasen. Gewöhnen Sie es sich nicht an, diese sinnlos wieder und wieder aufzusagen.

Wie einfach es doch ist, beim Beten einen frommen Jargon zu benutzen! Manche Phrasen klingen so angemessen, so geistlich, so fromm, dass viele Christen schnell lernen, diese aneinander zu reihen, und das dann Gebet nennen. Sie haben wahrscheinlich gar keine Ahnung, was das, was sie sagen, bedeutet.

Manchmal höre ich zum Beispiel einen reifen Christen ernsthaft beten: »Lieber Herr, bitte sei mit mir, wenn ich jetzt zu diesem Einstellungsgespräch gehe« oder: »Bitte sei mit mir, wenn ich jetzt diese Reise mache.« Wenn man es so hört, klingt diese Bitte heilig. Doch leider ergibt sie keinen Sinn. Ich bin dann oft versucht, diesen Beter zu fragen: »Warum bittest du Gott um etwas, das er doch schon tut?«

Denn Jesus macht deutlich: »Seid gewiss: Ich bin bei euch alle Tage bis zum Ende der Welt« (Mt 28,20) und: »Ich werde euch nicht als Waisen zurücklassen, sondern ich komme wieder zu euch« (Joh 14,8). Auch im Hebräerbrief im 13. Kapitel, Vers 5, heißt es: »Ich lasse dich nicht fallen und verlasse dich nicht.« Einer der Namen Jesu, *Immanuel*, bedeutet »Gott mit uns«. Wir brauchen Gott nicht zu bitten, bei uns zu sein, wenn wir zu seiner Familie gehören. Wir müssen vielmehr darum bitten, dass wir uns seiner Gegenwart bewusst werden und dass wir deshalb zuversichtlich sind. Gott zu bitten, bei uns zu sein, wenn er schon lange da ist, ist eine Art des »Plapperns«.

Eine andere Art sinnlosen Nachredens hört man oft am Esstisch. Ein Christ setzt sich hin, um eine Mahlzeit zu sich zu nehmen, deren Nährwert ein wahrer Alptraum ist. Das Fett blubbert, das Salz glitzert, die gezuckerten Getränke stehen bereit, um das Zeug hinunterzuspülen. »Lieber Herr«, betet derjenige, »möge dieses Essen unserem Körper wohl tun und mögest du uns dadurch stärken und nähren, damit wir deinen Willen tun können.«

Wahrscheinlich ist Gottes Wille, dass der Gläubige »Amen« sagt, vom Tisch aufsteht und das Essen dem Hund gibt – abgesehen davon, dass Gott auch Hunde wichtig sind!

Was Gottes Wille ist, schreibt der Apostel Paulus im 1. Korintherbrief, Kapitel 6, Vers 20: »Verherrlicht also Gott in eurem Leib.« Das heißt, wir sollen unserem Körper die richtigen Dinge zuführen. Bitten Sie Gott nicht darum, ungesundes Essen zu segnen und es auf wunderbare Weise so umzuwandeln, dass es Nährwert bekommt. Wenn Sie das tun, dann handeln Sie wie der Fünftklässler, der nach der Erdkundearbeit betete: »Lieber Gott, bitte mach, dass London die Hauptstadt von Frankreich ist.« Das ist nicht Gottes Art.

Mit einem liebenden Vater reden

Gott will nicht, dass wir imponierende Phrasen ansammeln. Er möchte nicht, dass wir Worte benutzen, ohne uns über deren Bedeutung im Klaren zu sein. Er möchte, dass wir einfach mit ihm reden so wie mit einem Freund oder Vater – ehrlich, mit der richtigen Einstellung, persönlich, aufrichtig und ernsthaft. Ich habe einen Mann so beten gehört, als ich es am wenigsten erwartet hätte.

Ich nahm an einer Konferenz teil, bei der viele Leiter anwesend waren. Das Gespräch war intensiv; ich musste mich anstrengen, dass ich bei den theologischen und philosophischen Fragen, die diskutiert wurden, überhaupt mitkam. Es wurde Mittag und wir versammelten uns alle in einem nahe gelegenen Restaurant. Ein Theologieprofessor wurde gebeten, das Tischgebet zu sprechen. Als wir unsere Köpfe neigten, dachte ich: Dieses Gebet wird wohl wie eine Theologievorlesung klingen. .

Der Theologe begann zu beten. Er sagte: »Vater, ich bin so froh, dass ich heute leben darf. Und es macht mir so viel Freude, mit den Brüdern hier in diesem Restaurant zu sitzen, gutes Essen zu essen und über die Dinge in deinem Reich zu reden. Ich weiß, dass du an diesem Tisch bist, und ich freue mich darüber. Ich möchte dir vor all diesen Brüdern sagen, dass ich dich lieb habe und alles für dich tun werde, worum du mich bittest.«

Er redete so noch ein oder zwei Minuten weiter. Als er »Amen« sagte, dachte ich: *Ich muss wohl noch ein bisschen wachsen.*

Sein ehrliches Gebet zeigte mir, wie oft ich noch mit dem »Autopilot« bete. Gott interessiert sich nicht für abgedroschene Phrasen. In Psalm 62, Vers 9, heißt es: »Schüttet euer Herz vor ihm aus!« Reden Sie mit ihm. Sagen Sie: »Herr, so geht es mir heute. Darüber habe ich erst kürzlich nachgedacht. Das macht mir Sorgen. Das bedrückt mich. Darüber bin ich froh.« Sprechen Sie ehrlich mit Ihrem Vater.

VATER UNSER

Konkret beten

Jesus riet seinen Jüngern, dass sie alleine, ehrlich und als Drittes konkret beten sollen. Um ihnen zu zeigen, was er damit meinte, gab er ihnen ein Gebet als Vorlage, das Gebet, das wir heute »Vaterunser« nennen:

Das Gebet von Jesus beginnt mit den Worten *Unser Vater.*

Die nächsten Worte lauten: *im Himmel.* Sie erinnern uns daran, dass Gott souverän, allmächtig und voller Majestät ist. Nichts ist für ihn zu schwierig. Er lässt uns Berge versetzen; er ist größer als jedes Problem, das Sie vor ihn bringen könnten. Schauen Sie auf seine Kraft, nicht darauf, ob Sie würdig sind.

Dein Name werde geheiligt. Lassen Sie Ihre Gebete nicht zu einer Wunschliste für den Weihnachtsmann werden. Beten Sie Gott an und preisen Sie ihn, wenn Sie vor ihn kommen.

Dein Wille geschehe wie im Himmel, so auf der Erde. Lassen Sie seinen Willen erste Priorität in Ihrem Leben haben – in Ihrer Ehe, Ihrer Familie, Ihrem Beruf, Ihrem Dienst, Ihrem Geld, Ihrem Körper, Ihren Beziehungen und Ihrer Gemeinde.

Gib uns heute das Brot, das wir brauchen. Der Apostel Paulus schrieb: »Bringt in jeder Lage betend und flehend eure Bitten mit Dank vor Gott« (Phil 4,6). Bringen Sie ihm all Ihre Belange, seien sie groß oder klein. Wenn Sie ein Wunder brauchen, bitten Sie darum, ohne zurückzuschrecken.

Und erlass uns unsere Schulden, wie auch wir sie unseren Schuldnern erlassen haben. Versichern Sie sich, dass nicht Sie das Hindernis sind: Bekennen Sie Ihre Sünden, empfangen Sie Vergebung und fangen Sie an zu wachsen. Seien Sie immer bereit, anderen zu vergeben.

Und führe uns nicht in Versuchung, sondern rette uns vor dem Bösen. Beten Sie um Schutz vor dem Bösen und um Standhaftigkeit, wenn Sie auf die Probe gestellt werden.

Denn dein ist das Reich und die Kraft und die Herrlichkeit in Ewigkeit. Beenden Sie Ihr Gebet mit Lobpreis. Bekennen Sie, dass alles im Himmel und auf der Erde Gott gehört. Danken Sie dem Herrn, dass er sich um Sie kümmert, dass er es möglich macht, dass Sie im Gebet mit ihm reden können.

Amen. So soll es sein.

Gebete, die Gott Ehre geben, sind nicht einfach Einkaufszettel. Sie sind mehr als dumpfe Schreie nach Hilfe, Kraft, Erbarmen und Wunder. Wahrhaftes Gebet sollte Lobpreis enthalten: »Unser Vater im Himmel, dein Name werde geheiligt« (Mt 6,9). Es sollte Einordnung enthalten: »Dein Wille geschehe wie im Himmel, so auf der Erde« (Vers 10). Natürlich haben Bitten ihren Platz: »Gib uns heute das Brot, das wir brauchen« (Vers 11), genauso wie auch Sündenbekenntnis: »Und erlass uns unsere Schulden, wie auch wir sie unseren Schuldnern erlassen haben« (Vers 12).

Das Vaterunser ist eine ausgezeichnete Vorlage, aber es sollte niemals als magischer Zauberspruch dienen, um Gottes Aufmerksamkeit zu erlangen. Jesus hat dieses Gebet nicht gegeben, damit wir einen Textabschnitt zum Aufsagen haben – im Gegenteil. Er hat uns gerade davor gewarnt, immer die gleichen Phrasen zu wiederholen. Nein, er gab es uns als eine Vorlage, um uns eine Auswahl der Elemente vorzuschlagen, die in unserem Gebet enthalten sein sollen.

Die Zeit mit Gott reflektieren

Das Problem mit magischen Formeln ist, dass sie gedankenlos sind. Viel zu oft gehen wir durchs Leben, ohne darüber nachzudenken, was wir tun und was das alles zu bedeuten hat. Wenn wir ans Gebet gedankenlos herangehen, können wir keine machtvollen Ergebnisse erwarten.

Ich bin früher einmal Kaplan der *Chicago Bears* gewesen. Ich hielt in der Spielsaison jeden Montag in der Sporthalle eine Bibelstunde ab. Oft bin ich etwas früher dort gewesen und habe zugehört, wie die Trainer mit ihren Mannschaften arbeiteten. Besonders beeindruckte mich, wie die Trainer jeden einzelnen Zug des zurückliegenden Spiels noch einmal durchgingen. Bevor sie sich auf den nächsten Wettkampf vorbereiteten, reflektierten die Spieler erst einmal über das vorhergehende.

Zur selben Zeit las ich mehrere Bücher von verschiedenen christlichen Autoren, die alle etwas Ähnliches sagten: Wenn die Nachfolger Jesu nicht wachsen, liegt das daran, dass sie sich keine Gewohnheit daraus gemacht haben, ihr Leben zu beurteilen. Diese Autoren beschrieben mich! Ich lebte sehr schnell, immer auf dem Sprung, aber nie bereit, in die Tiefe meines Inneren zu schauen. Ich ließ mir nie die Zeit für die Art von Reflektion, die zu innerem Wachstum führt. Und ich bezahlte einen hohen Preis dafür: Ich beging dieselben dummen Sünden wieder und wieder und lebte ständig mit derselben schweren Last der Schuld.

Also traf ich eine schwierige Entscheidung: Ich beschloss, von nun an jeden Tag ehrlich zu versuchen, die Befindlichkeit meiner Seele zu durchleuchten. Ich würde in mich hineinschauen und ich würde aufschreiben, was ich dort sah. Mit einem unbeholfenen und ein wenig peinlich berührten Gefühl nahm ich mir ein Notizheft und begann zu schreiben: »Gott, hier sind einige Frustrationen in meinem Leben. Sie gehen nicht weg, also kann ich sie mir genauso gut näher anschauen.« Oder: »Hier ist eine Beziehung, um die ich mir Sorgen mache. Sie ist nicht gut und ich weiß nicht, wie ich sie verbessern kann.« Oder: »Hier sind einige Segnungen, die du in mein Leben ausgegossen hast.« Und nachdem ich ein paar Zeilen geschrieben hatte, dachte ich über das nach, was da stand.

Vor allem: Bete!

Es ist jetzt fast fünfzehn Jahre her, seit ich angefangen habe, Reflexionen über meinen Tag aufzuschreiben. Bald habe ich begonnen, ganze Gebete niederzuschreiben und sie Gott dann vorzulesen. Ich bin dadurch in vielfacher Hinsicht gesegnet worden: Es hilft mir, mich zu konzentrieren. Ich bin früher nicht weiter gekommen als bis »Lieber Gott …« und schon dachte ich an die Person, die ich zum Mittagessen treffen würde oder das bevorstehende Gemeindevorstandstreffen oder an das, was meine Familie und ich nach dem Abendessen unternehmen würden. Wenn ich einen Stift über das Papier bewege, ist es viel einfacher, bei der Sache zu bleiben. Das Schreiben zwingt mich auch, konkret zu sein; epische Allgemeinheiten machen sich nicht gut auf Papier. Und es hilft mir zu erkennen, wenn Gott auf meine Gebete antwortet.

Am Ende jedes Monats lese ich mein Gebetstagebuch durch und sehe dann, wo Gott Wunder gewirkt hat. Immer wenn mein Glaube schwach ist, schaue ich mein Tagebuch an, und dort sehe ich klar und deutlich, dass Gott meine Gebete erhört. Wenn ich im Januar mehrere Gebetserhörungen aufzählen kann, bin ich motiviert, Gott im Februar erst recht zu vertrauen.

Ich schreibe meine Gebete jeden Tag auf, da es mir nicht gelungen ist, auf irgendeine andere Art in meinem Gebetsleben zu wachsen. Probieren Sie es aus und schauen Sie, was für Sie am besten ist. Versuchen Sie am Anfang, Ihre Gebete einmal in der Woche aufzuschreiben. Wenn es Ihnen hilft, tun Sie es öfters. Wenn es Ihnen hinderlich ist und Sie sich nicht wohl dabei fühlen, suchen Sie sich eine andere Methode, die bei Ihnen besser funktioniert. Gleichgültig wie Sie es tun – beten Sie so wie Jesus: alleine, ehrlich und klar.

Vergessen Sie nicht, dass Gottes alles überwindende Kraft durch Gebet freigesetzt wird. Er interessiert sich für Sie und Ihre Nöte. Er ist fähig, jeder Not zu begegnen, und hat Sie eingeladen zu beten. Sein Sohn Jesus, der »Fachmann«, was Gebet anbelangt, hat Ihnen Anweisungen gegeben, so dass Sie wissen, wie Sie beten sollen.

Nun fehlt nur noch eins, damit das Wunder Gebet in Ihrem Leben wirksam wird: Sie müssen beten!

Ich kann über Gebet schreiben, Sie können darüber lesen und Sie können mein Buch sogar einem Freund ausleihen. Aber früher oder später müssen Sie beten. Dann, und nur dann, wird für Sie das Abenteuer des Glaubens beginnen.

Kapitel 6

Eine Vorlage fürs Gebet

Sie haben beschlossen, dass es höchste Zeit ist, körperlich wieder fit zu werden, und deshalb schauen Sie sich ein Fitness-Studio an. Als Sie zur Tür hereinkommen, begrüßt Sie ein Mitarbeiter, der Sie von Gerät zu Gerät führt und Ihnen die Ausstattung vorführt, die auf dem neusten Stand der Technik und Forschung ist. Schließlich fragt der Mitarbeiter Sie: »Sollen wir Ihnen einen Fitnesskurs zusammenstellen?«

Jetzt würden Sie vielleicht lieber wieder abspringen. Es ist eine Sache, an Übungsgeräten herumzuspielen, aber eine ganz andere, tatsächlich selber zu trainieren. Als der Mitarbeiter Ihr Zögern bemerkt, erklärt er Ihnen: »Sie brauchen ein Programm, um alle Muskelpartien richtig und gleichmäßig zu beanspruchen und um festzuhalten, wie viele Male und mit welchem Gewicht Sie eine Übung gemacht haben. So ist es möglich, Ihre Fortschritte aufzuzeichnen und Unausgewogenheit zu verhindern.«

Als Sie sich im Fitness-Studio umschauen, sehen Sie einige Beispiele bedenklicher Unausgewogenheit. Ein Koloss mit dick hervorquellenden Deltamuskeln kommt aus dem Kraftraum. Er trägt immer noch seinen Gurt und strauchelt keuchend einige Male um die Laufbahn, bevor er dann dankbar wieder auf vertrauten Boden zurückkehrt. Dann sehen Sie einen Mann, der mühelos über die Bahn gleitet. Wahrscheinlich läuft er sieben Meilen am Stück, aber als Sie seinen Oberkörper ansehen, wissen Sie, dass seine Frau die Gurkengläser selbst öffnen muss.

Das Personal eines Sportstudios weiß, dass wir ohne einen sorgfältig ausgearbeiteten Plan wahrscheinlich einseitig und unausgewogen trainieren würden, und zwar einfach deshalb, weil wir alle die Neigung haben, das zu tun, was uns Spaß macht, und das zu lassen, was schwierig oder unangenehm ist oder was wir noch nie versucht haben.

Gebetsprogramm

Im Gebet »fit« zu werden ist ähnlich wie körperlich in Form zu kommen: Sie brauchen eine Vorlage, um Unausgeglichenheiten zu vermeiden. Ohne ein Programm werden Sie wahrscheinlich in die »Bitte, Gott«-Falle tappen: »Bitte, Gott, gib mir. Bitte, Gott, hilf mir. Bitte, Gott, schütze mich. Bitte, Gott, bring das in Ordnung.« Oh, ja, gelegentlich werden Sie ein paar Dankesworte zum Himmel schicken, wenn Sie bemerkt haben, dass Gott Ihnen etwas Gutes zuteil werden ließ. Und ab und zu einmal, wenn Sie mit der Hand in der Keksdose erwischt werden, werden Sie bekennen, dass es Ihnen soeben mal kurz an gesundem Urteilsvermögen gefehlt hat. Hin und wieder, wenn Sie sich wahrhaft geistlich fühlen, kann es sogar passieren, dass Sie ein bisschen Lobpreis in Ihre Gebete einstreuen – aber natürlich nur, wenn der Heilige Geist Sie so führt.

Wenn ich sarkastisch klinge, dann nur deshalb, weil ich alles über ein unausgewogenes Gebetsleben weiß – ich bin nämlich ein wahrer Fachmann auf diesem Gebiet. Und ich kann Ihnen aus meiner eigenen Erfahrung berichten, wohin das führt. Wenn man merkt, wie nachlässig und einseitig die Gebete sind, die man spricht, fängt man an, sich deswegen schuldig zu fühlen. Schuld führt zu Mutlosigkeit und dies wiederum dazu, dass man schließlich gar nicht mehr betet. Wenn man beim Beten Schuldgefühle bekommt, hört man ziemlich bald auf zu beten.

Wenn Ihnen das passiert ist, ist es Zeit, ein Gebetsprogramm zusammenzustellen. Ich werde Ihnen eine Vorlage anbieten, der Sie folgen können. Es ist weder die einzige noch die vollkommene Vorlage, aber es ist eine gute Vorlage, die seit vielen Jahren in christlichen Kreisen benutzt wird. Sie ist ausgewogen und einfach anzuwenden. Sie müssen sich nur das Kürzel ACTS (dt. »Apostelgeschichte«, Anm. d. Üb.) merken, dessen vier Buchstaben für *adoration*/Anbetung, *confession*/Sündenbekenntnis, *thanksgiving*/Dank und *supplication*/Bitten stehen.

Beginnen Sie mit Anbetung

Ich denke, es ist wirklich wesentlich, eine Gebetszeit mit Anbetung oder Lobpreis zu beginnen. Dafür gibt es vier Gründe:

Erstens bestimmt Anbetung den Stil der gesamten Gebetszeit. Uns wird ins Gedächtnis zurückgerufen, an wen wir uns wenden, in wessen Gegenwart wir eingetreten sind, wer uns seine Aufmerksamkeit zuwendet. Wie oft scheinen unsere Probleme, Lasten und Nöte so bedrückend, dass wir unser Gebet zu einer Wunschliste degradieren! Wenn wir uns aber darauf festlegen, unsere Gebete immer mit Anbetung zu beginnen, sind wir gezwungen, zuerst ruhig zu werden und unsere Aufmerksamkeit auf Gott zu konzentrieren.

Wenn man einige Kirchen betritt, ist man einen Moment lang ergriffen. Man sagt sich: »Dies ist heiliger Boden. Ich muss mich sammeln, meine Gedanken auf das ausrichten, was hier passiert.« Das Innehalten am Anfang macht den nachfolgenden Gottesdienst noch bedeutsamer. Ebenso stimmen wir uns auf unsere Begegnung mit Gott ein, wenn wir unsere Gebete mit Anbetung beginnen.

Zweitens werden wir durch Anbetung daran erinnert, wie Gott ist und was er tut. Wenn wir seine Eigenschaften aufzählen und so seinen Charakter und seine Persönlichkeit erheben, verstehen wir immer besser, wer Gott ist.

Ich beginne meine Gebete oft mit den Worten: »Ich bete dich an, weil du allmächtig bist.« Bei diesen Worten werde ich daran erinnert, dass Gott fähig ist, mir zu helfen, egal, wie schwierig mein Problem mir auch erscheinen mag. Ich bete ihn für seine Allwissenheit an. Kein Geheimnis kann Gott durcheinander bringen, er wird sich wegen nichts, was ich je sage, den Kopf kratzen müssen. Ich bete Gott für seine Allgegenwart an. Egal, wo ich bete – im Flugzeug, in meinem Auto oder auf einer einsamen Insel –, ich weiß, dass er bei mir ist.

Sie können Gott dafür preisen, dass er treu, gerecht, voller Erbarmen, gnädig und aufmerksam ist, dass er uns gerne versorgt und sich nie verändert. Wenn Sie in der Anbetung beginnen, Gottes Eigenschaften durchzugehen, können Sie bald von Herzen sagen: »Ich bete zu einem ganz unglaublichen Gott!« Und das wird Sie motivieren, weiterzubeten.

Drittens reinigt Anbetung den, der betet. Wenn Sie einige Minuten damit verbracht haben, Gott für sein Wesen zu preisen, wird Ihr Geist weich und Ihre Prioritäten verschieben sich. All die dringlichen Sachen, die Sie unbedingt vor Gott bringen wollten, erscheinen

Ihnen dann vielleicht weniger entscheidend. Ihr Gefühl von Verzweiflung legt sich, wenn Sie sich auf Gottes Größe konzentrieren, und Sie können ehrlichen Herzens sagen: »Gott, ich freue mich an dir; meiner Seele geht es gut.« Anbetung reinigt Ihren Geist und bereitet Sie darauf vor, auf Gott zu hören.

Viertens ist Gott der Anbetung würdig. Es sollte uns eigentlich unmöglich sein, das Vaterunser zu sprechen, ohne uns ehrfürchtig von diesem unglaublichen Wunder ergreifen zu lassen. »Seht, wie groß die Liebe ist, die der Vater uns geschenkt hat: Wir heißen Kinder Gottes und wir sind es« (1 Joh 3,1). Ein Gott, der allmächtig, allwissend und allgegenwärtig ist und uns außerdem noch liebt, über uns wacht und uns gute Gaben gibt – das ist unbegreiflich! Unser himmlischer Vater ist unserer Anbetung würdig; also wollen wir ihm diese zu Beginn unserer Gebetszeit darbringen.

Wie wir Gott anbeten können

Wie beten Sie Gott an? Welch angemessenere Art gibt es als die, seine Eigenschaften aufzuzählen? Manchmal sinne ich über alle Eigenschaften nach, die mir einfallen. Manchmal richte ich meinen Blick auf eine, derer ich mir in den letzten Tagen besonders bewusst war. Wenn ich vor wichtigen Entscheidungen stehe, richte ich mein Augenmerk zum Beispiel auf seine Führung. Wenn ich an Schuldgefühlen oder Gefühlen der Unzulänglichkeit leide, preise ich ihn für sein Erbarmen. Wenn ich etwas brauche, preise ich ihn vielleicht für seine Vorsorge oder seine Macht.

Suchen Sie sich einen Lobpreispsalm aus und lesen ihn laut vor. Einige der bekanntesten sind die Psalmen 8, 19, 23, 46, 95, 100 und 148; aber gehen Sie ruhig durch das ganze Buch und schauen Sie, was Sie finden. Zwei andere herrliche Lobpreisstücke sind das Magnifikat (Lk 1, 46–55) und das Lied des Zacharias (Lk 1, 68–79). Oder singen Sie Gott ein Lied!

Anbetung ist den meisten Menschen des zwanzigsten Jahrhunderts fremd, und wenn Sie es zum ersten Mal tun, werden Sie sich wahrscheinlich komisch vorkommen. Wie bei allem anderen, das Sie neu anfangen – Squash, Computer oder eine neue Arbeitsstelle –, müssen Sie Disziplin üben, sich ins Zeug legen und daran arbeiten, dass Sie gut darin werden. Nach einer Weile werden Sie sich immer wohler dabei fühlen und immer sicherer werden. Anbetung wird Ihnen zum Bedürfnis, ohne das Sie gar nicht mehr auskommen.

Bekenntnis: Eine vernachlässigte Kunst

Sündenbekenntnis ist wahrscheinlich der Bereich des Gebets, der heutzutage am meisten vernachlässigt wird. Oft hören wir, wie Leute öffentlich beten: »Herr, vergib uns unsere vielen Sünden.« Viele von uns übernehmen diese Methode in ihr persönliches Gebet. Wir werfen alle Sünden auf einen Haufen, ohne sie auch nur anzuschauen, und sagen: »Gott, bitte deck den ganzen dreckigen Haufen zu.«

Diese Art des Sündenbekenntnisses ist leider ein enormer Rückzieher. Wenn ich alle Sünden zusammenwerfe und sie als eine Masse bekenne, ist es nicht allzu peinlich und unangenehm. Aber wenn ich diese Sünden einzeln vom Haufen wegnehme und sie beim Namen nenne, ist es etwas völlig anderes.

Ich habe beschlossen, in meinen Gebeten detailliert mit Sünde umzugehen. Ich sage zum Beispiel: »Ich habe Herrn Soundso gesagt, dass neunhundert Autos auf dem Parkplatz waren, dabei waren es in Wirklichkeit nur sechshundert. Das war eine Lüge und deshalb bin ich ein Lügner. Ich bitte dich, dass du mir vergibst.«

Oder anstatt einzuräumen, dass ich nicht der allerbeste Ehemann gewesen bin, sage ich: »Heute war ich egoistisch, gleichgültig und gefühllos. Ich bin durch die Tür gekommen und habe gedacht: ›Ich werde ihr (meiner Frau) heute Abend nicht dienen. Ich hatte einen harten Tag und es steht mir zu, dass alles so läuft, wie ich es will.‹ Ich brauche deine Vergebung für diese Selbstsucht.«

Wer ist ein Sünder?

Vor vielen Jahren hatte ich ein interessantes Gespräch mit einem Mann – ich werde ihn Harry nennen –, der regelmäßig in meine Gemeinde ging. Ich hatte darüber gepredigt, dass wir Sünder sind und einen Erlöser brauchen. Harry kam danach in mein Büro und sagte: »Bei all diesem Gerede über Sünde fange ich an, mir wirklich schlecht vorzukommen. Ich halte mich zum Beispiel nicht für einen Sünder.«

Harry war jemand, mit dem ich offen sprechen konnte, also sagte ich: »Schön, vielleicht bist du keiner. Lass mich dir ein paar Fragen stellen. Du bist seit fünfundzwanzig Jahren verheiratet. Bist du deiner Frau in der ganzen Zeit hundertprozentig treu gewesen?«

Harry lachte leise in sich hinein und meinte: »Na ja, du weißt, ich arbeite als Handelsvertreter. Ich reise viel ...« Wir wussten beide, was er gerade zugab.

»Okay«, sagte ich, »wenn du deine Spesen abrechnest, hast du da schon jemals etwas dazugerechnet, was nicht rein geschäftlich war?«

»Jeder tut das«, antwortete er.

»Und wenn du unterwegs bist und dein Produkt verkaufst, hast du da je übertrieben – gesagt, dass es etwas kann, was gar nicht stimmt, oder versprochen, es am nächsten Tag zu verschicken, wenn du weißt, dass es nicht vor nächstem Dienstag rausgehen wird?«

»So macht man das eben«, antwortete er.

Ich schaute ihn gerade an und gab zurück: »Du hast mir gerade erzählt, dass du ein Ehebrecher, ein Betrüger und ein Lügner bist. Sprich mir diese Worte nach – ich bin ein Ehebrecher, ein Betrüger und ein Lügner.«

Er schaute mich an, als würden seine Augen gleich rausfallen. »Nimm nicht diese scheußlichen Worte!«, sagte er. »Ich habe nur gesagt, dass da ein bisschen was nebenbei lief, ein bisschen dies, ein bisschen jenes ...«

»Nein«, erwiderte ich. »Sag es einfach so, wie es ist. Du bist ein Ehebrecher, ein Betrüger und ein Lügner. Für mich heißt das, dass du ein Sünder bist, der ganz dringend einen Erlöser braucht.«

Der Vorteil des Bekennens

Ich weiß nicht, was aus Harry geworden ist. Nach dieser Begegnung habe ich nicht mehr viel von ihm gesehen. Ich hoffe, er wird eines Tages seine Sündhaftigkeit zugeben und in der Beziehung zu Jesus Christus seine Befreiung finden. Aber ich weiß, was mit Ihnen geschehen wird, wenn Sie den Mut haben, Ihre Sünden beim wahren Namen zu nennen.

Als Erstes wird Ihr Gewissen rein werden. »Endlich habe ich es gesagt«, werden Sie denken. »Endlich werde ich ehrlich mit Gott. Ich spiele keine Spielchen mehr, und das tut gut.«

Als Nächstes werden Sie voller Erleichterung über Gottes vergebendes Wesen sein. Wenn Sie wissen, »… so weit der Aufgang entfernt ist vom Untergang, so weit entfernt er die Schuld von uns« (Ps 103,12), dann werden Sie anfangen zu erfahren, was Friede bedeutet.

Sie werden die Freiheit haben zu beten: »Bitte gib mir deine Kraft, diese Sünde nicht mehr zu tun.« Mit der Kraft des Heiligen Geistes können Sie ein Versprechen abgeben, diese Sünde aufzugeben und für Christus zu leben. Und das ist der Beginn, dass in Ihrem Leben Zeichen der Veränderung sichtbar werden.

Ich habe nicht den Eindruck, dass viele von uns Christen das Sündenbekenntnis wirklich ernst nehmen. Täten wir es, würde unser Leben radikal anders aussehen. Wenn Sie total ehrlich mit Ihren Sünden umgehen, geschieht etwas. So spätestens am fünften Tag, an dem Sie sich einen Lügner, Gierhals, Manipulierer oder was auch immer nennen müssen, sagen Sie sich: »Ich habe es satt, das zuzugeben. Ich habe in Jesus ein neues Leben und will frei werden vom alten Leben der Sünde.«

Wenn Gott Ihre Sünden angeht, werden Sie bald sehen, wie die Worte von Paulus in Ihrem Leben Realität werden: »Wenn also jemand in Christus ist, dann ist er eine neue Schöpfung; das Alte ist vergangen, Neues ist geworden« (2 Kor 5,17).

Unseren Dank zum Ausdruck bringen

Das »T« in »ACTS« steht für *thanksgiving*, für Danksagung. In Psalm 103, Vers 2, heißt es: »Lobe den Herrn, meine Seele, und vergiß nicht, was er dir Gutes getan hat.« Paulus schreibt im ersten Brief an die Thessalonicher im 5. Kapitel, Vers 18: »Dankt für alles; denn das will Gott von euch, die ihr Christus Jesus gehört.«

Manche von uns haben eine einfache Unterscheidung nicht gemacht: Es gibt einen Unterschied zwischen dankbar sein und Dank ausdrücken. Die klassische Lehre darüber steht im Lukas-Evangelium, Kapitel 17, Verse 11–19. Es ist die Geschichte der zehn an Aussatz erkrankten Männer, die geheilt werden. Was meinen Sie – wie viele dieser Männer waren zutiefst dankbar, als sie von Jesus weggingen, völlig genesen von dieser schwer heilbaren, Ekel erregenden Krankheit, die sie aus der Gesellschaft ausschloss? Keine

Frage – alle zehn waren es. Aber wie viele kamen zurück, warfen sich Jesus zu Füßen und dankten ihm? Nur einer.

In dieser Geschichte haben wir einen kurzen Einblick in Jesu Gefühle. Jesus ist bewegt: Zuerst von der Enttäuschung über die Menschen, die zwar dankbar sind, aber sich nicht die Zeit nehmen, ihren Dank auszudrücken; und dann, weil einer den ganzen Weg zurückging, um sich zu bedanken.

Sie als Eltern wissen wohl am besten, wie es ist, wenn eines Ihrer Kinder Ihnen ganz spontan für etwas dankt. Eines Sommers ging ich mit meinem Sohn Todd auf den Jahrmarkt. Wir hatten viel Spaß bei einigen Fahrten und mein müder kleiner Sohn schlief auf dem Rücksitz ein, als wir nach Hause aufbrachen. Nach einigen Minuten auf der Autobahn schlang er plötzlich von hinten seine Arme um meine Schultern. »Papi, vielen Dank, dass du mit mir auf den Jahrmarkt gegangen bist«, sagte er. Seine Worte berührten mich so sehr; am liebsten wäre ich umgedreht und auf eine zweite Runde zurückgefahren! Gott ist unser Vater und auch ihn berührt es, wenn wir ihm unseren Dank ausdrücken.

Ich danke Gott jeden Tag für vier Arten von Segnungen: Gebetserhörungen, geistliche Segnungen, Segnungen im Bereich von Beziehungen und materielle Segnungen. Fast alles in meinem Leben lässt sich in eine dieser Kategorien einordnen. Wenn ich jede dieser Kategorien durchgegangen bin, drängt es mich geradezu, Gott anzubeten für all das, was er für mich getan hat.

Um Hilfe bitten

Aber nun ist es Zeit für das »S«, *supplications*, für Bitten. Im Philipper-Brief, Kapitel 4, Vers 6, heißt es: »Bringt in jeder Lage betend und flehend eure Bitten mit Dank vor Gott.« Wenn Sie ihn angebetet haben, Ihre Fehler und Vergehen bekannt und ihm für all seine guten Gaben gedankt haben, spätestens dann sagen Sie ihm, was Sie brauchen.

Nichts ist so groß, als dass Gott nicht damit fertig werden würde, oder so klein, dass Gott sich nicht dafür interessiert. Und trotzdem frage ich mich manchmal, ob meine Bitten berechtigt sind. Also versuche ich, mit Gott ehrlich zu sein. Ich sage: »Herr, ich weiß nicht, ob ich das Recht habe, darum zu bitten. Ich weiß nicht, wie ich dafür beten soll. Aber ich bringe es vor dich und wenn du mir mehr dazu sagst, dann bete ich, wie du es möchtest.«

Gott ehrt diese Art von Gebet. Jakobus schreibt: »Fehlt es aber einem von euch an Weisheit, dann soll er sie von Gott erbitten; Gott wird sie ihm geben, denn er gibt allen gern und macht niemand einen Vorwurf« (Jak 1,5).

Andere Male, wenn ich zu wissen meine, wie ich beten soll, sage ich: »Gott, so geht es mir in dieser Sache und ich würde mich wirklich sehr freuen, wenn du das tun würdest. Wenn du aber andere Pläne hast, will ich dir um nichts in der Welt im Weg stehen. Du hast mich gebeten, meine Anliegen vorzubringen. Aber wenn das, worum ich bitte, keine gute Gabe ist, wenn der Zeitpunkt nicht stimmt oder wenn ich noch nicht bereit bin, es zu empfangen – okay. Deine Wege sind höher als meine und deine Gedanken sind nicht meine Gedanken. Wenn du andere Pläne hast, machen wir es so, wie du willst.«

Meine Bitten teile ich regelmäßig in diese Kategorien ein: Dienst, Menschen, Familie und Persönliches.

Dienst

Ich bete für die Mitarbeiter der Gemeinde, die Projekte, die Dienste an der Öffentlichkeit und für all die einzelnen Dienste in unserer Gemeinde. Ich bete, dass Gott durch unseren Dienst Menschen zu sich zieht, indem sie den lebendigen Christus kennen lernen und er sie von ihrer Leere, Entfremdung und der Hölle überhaupt befreit.

Menschen

Hier bete ich für Brüder in Leiterschaftspositionen, für die Ältesten, den Vorstand und die Kranken. Ich bete für die Nichtchristen in meinem Freundeskreis, dass Gott sie zu sich hinzieht.

Familie

Ich bete für meine Ehe und meine Kinder. Ich bitte Gott, mich zu einem gottesfürchtigen Ehemann und wahren Vater nach seinem Vorbild zu machen. Ich bitte ihn um Hilfe bei Entscheidungen über Finanzen, Ausbildung und Urlaub.

Persönliches

Mein Gebetsanliegen hier ist mein Charakter. Ich sage: »Gott, du hast mich Jesus ähnlich gemacht. Ich will in der Erneuerung meines Sinnes immer vollkommener werden.«

Teilen Sie Ihre Bitten in Kategorien ein, die für Sie geeignet sind, und schreiben Sie dann regelmäßig auf, wofür Sie gebetet haben. Kommen Sie nach ungefähr drei Wochen darauf zurück und lesen Sie Ihre Aufzeichnungen noch einmal durch. Schauen Sie, was Gott schon getan hat. In vielen Fällen werden Sie staunen.

ACTS und geschriebene Gebete

Für mich ist die Formel »ACTS« besonders hilfreich, wenn ich meine Gebete niederschreibe. Ich beginne mit *adoration*, *Anbetung*, und schreibe zum Beispiel Folgendes: »Guten Morgen, Herr! Nichts hindert mich, dich heute zu preisen, und ich möchte jetzt, wo ich frisch, bereit und willens bin loszulegen, innehalten und dir sagen, dass ich dich liebe. Du bist ein wunderbarer Gott. Deine Persönlichkeit und dein Charakter begeistern mich. Du bist heilig, gerecht, gnädig, voller Erbarmen, sanft, liebend, väterlich und barmherzig. Ich freue mich, dass ich heute mit dir in einer Beziehung leben darf, und ich bete dich jetzt an.«

Nach der Anbetung gehe ich zu *confession*, dem *Sündenbekenntnis*, über. Ich schreibe zum Beispiel: »Bitte vergib mir, dass ich mich zur Voreingenommenheit habe hinreißen lassen. Es fällt mir so viel leichter, denen meine Liebe und Aufmerksamkeit zukommen zu lassen, bei denen alles in Ordnung ist. Ohne es überhaupt zu merken, gehe ich Leuten mit Problemen aus dem Weg. Es tut mir Leid. Danke, dass du mir gegenüber unvoreingenommen bist. Bitte vergib mir und nun nehme ich deine Vergebung für mich in Anspruch.« Dann nehme ich meinen Stift, streiche das, was ich geschrieben habe, durch und sage: »Danke, dass ich nun davon befreit bin. Ich bin froh, dass meine Weste wieder weiß ist. Danke, dass du mir vergeben hast.«

Thanksgiving, Dank, als dritter Schritt fällt mir leicht. Ich danke Gott für die Gebetserhörungen, dafür, dass er mir bei meiner Arbeit hilft, dass Leute entgegenkommend sind, dass er unsere Ältesten, die Mitarbeiter und den Vorstand beschützt, für materielle Segnungen, für Segnungen im Bereich von Beziehungen und für alles andere, über das ich mich besonders freue. Dem Herrn jeden Tag zu danken bewahrt mich vor Habsucht und meinen Dank zu Papier zu bringen erinnert mich daran, wie unglaublich reich der Herr mich gesegnet hat.

Es freut mich, dass »S«, *supplication, Bitten,* zuletzt kommt.

Nachdem ich Gott angebetet habe, meine Sünden bekannt und ihm gedankt habe, kann ich guten Gewissens meinen Einkaufszettel hervorholen. Im Jakobusbrief, Kapitel 4, Vers 2, heißt es: »Ihr erhaltet nichts, weil ihr nicht bittet.« Ich habe mich früher immer unklar ausgedrückt, wenn es um meine Bedürfnisse ging. »Bitte hilf mir und beschütz mich und lass mich nicht in Schwierigkeiten kommen.« Das mache ich nicht mehr. Ich schreibe die Bitten auf, überlasse sie Gott und schaue meine Notizen regelmäßig durch, um zu sehen, ob Gott sie erhört hat.

Wenn ich nach dem Beten aufstehe, fühle ich mich, als ob eine tonnenschwere Last von meinen Schultern genommen worden wäre. Im 1. Petrusbrief, Kapitel 5, Vers 7, heißt es: »Werft alle eure Sorge auf ihn, denn er kümmert sich um euch.« Wenn ich bete, übergebe ich ihm geradezu meine wichtigsten Belange, so dass ich wirklich nichts davon mehr in meinem eigenen Herz tragen muss. Wenn ich all das in seine guten Hände gelegt habe, kann ich von drückenden Sorgen befreit durch den Tag gehen.

Eine praktische Aufgabe

Hier ist eine Aufgabe, anhand derer Sie mit Ihrem Gebetsprogramm starten können. Nehmen Sie ein Blatt Papier und ziehen Sie drei horizontale Linien, die das Blatt in vier Abschnitte teilen. Kennzeichnen Sie die Abschnitte mit A, C, T und S.

Schreiben Sie in den ersten Abschnitt ein Gebet, in dem Sie Ihre Bewunderung Gott gegenüber ausdrücken. Zählen Sie die Eigenschaften Gottes auf, die Sie besonders bewegen.

Schreiben Sie in den zweiten Abschnitt einige Sätze, in denen Sie Ihre Sünden bekennen.

Im dritten Abschnitt zählen Sie all das auf, womit Gott Sie gesegnet hat und wofür Sie dankbar sind.

Und im vierten Abschnitt äußern Sie Ihre Bitten, was immer das auch sein mag.

Wiederholen Sie das Ganze morgen und übermorgen. Passen Sie die Kategorien Ihren Lebensumständen an, aber achten Sie darauf, dass jede Gebetszeit alle Elemente beinhaltet. Und dann erleben Sie den Segen Gottes!

Kapitel 7

Gebet, das Berge versetzt

Jesus sagte: »Amen, das sage ich euch: Wenn ihr Glauben habt und nicht zweifelt, dann werdet ihr nicht nur das vollbringen, was ich mit dem Feigenbaum getan habe; selbst wenn ihr zu diesem Berg sagt: Heb dich empor und stürz dich ins Meer!, wird es geschehen. Und alles, was ihr im Gebet erbittet, werdet ihr erhalten, wenn ihr glaubt« (Mt 21,21–22).

Nach dem, was die Bibel sagt, können Gläubige zuversichtlich sein, dass ihre Gebete erhört werden. Unsere Gebete sind mehr als nur Wünsche, Hoffnungen oder ein kraftloses Sehnen – allerdings nur, wenn wir mit glaubenden und vertrauenden Herzen beten. Das ist die Art von Glaube an das Gebet, die Berge versetzt.

Natürlich ist Jesus nicht mit Hacke und Schaufel losgegangen. Er hatte wenig Interesse daran, Felsen in die Tiefe des Ozeans zu versetzen. Er verwendete den Ausdruck »Berg« im übertragenen Sinne. Welcher Berg auch immer in Ihrem Weg steht, welches Hindernis Ihnen die Bahn versperrt, gleich, welche Schwierigkeiten Sie lähmen – glaubendes Gebet kann alles in Bewegung bringen.

Das klingt gut – aber wie können wir lernen, mit einem glaubenden Herzen zu beten? Wie können wir diese feste Überzeugung erlangen, die alle Hindernisse aus dem Weg räumt?

Ich könnte einige allgemeine Richtlinien angeben, wie man Glaube entwickelt, der Berge versetzt; aber ehrlich gesagt denke ich nicht, dass es darum geht, Auflistungen herunterzuleiern, um dadurch unser Vertrauen zu Gott zu stärken. Deshalb will ich versuchen, Ihnen einen anderen Weg aufzuzeigen. Zuerst werde ich Ihnen einfach zwei praktische Grundsätze nennen. Dann zeige ich, wie diese in der Praxis aussehen, einmal in der Zeit bis zum Jahr 2000 und einmal vor 3 000 Jahren.

Sich nicht auf den Berg konzentrieren

Der erste Grundsatz lautet: *Glaube erwächst daraus, auf Gott zu schauen und nicht auf den Berg.*

Vor einigen Jahren wurden ein Mitglied des Gesangsteams unserer Gemeinde und ich von einem christlichen Leiter namens Yesu nach Südindien eingeladen. Dort sollten wir uns einer Gruppe von Leuten aus verschiedenen Teilen der USA anschließen. Man sagte uns, dass Gott uns gebrauchen werde, um Moslems, Hindus und Nichtchristen für ihn zu gewinnen. Wir alle fühlten uns von Gott berufen hinzugehen, aber keiner von uns wusste, was ihn erwartete.

Als wir ankamen, holte Yesu uns ab und lud uns zu sich nach Hause ein. Im Laufe der nächsten Tage erzählte er uns von seinem Dienst.

Yesus Vater, ein dynamischer Leiter und Redner, hatte die Missionsstation in einem Gebiet aufgebaut, das von Hindus besiedelt wurde. Eines Tages kam ein Führer der Hindus zu Yesus Vater und bat ihn um Gebet. Dieser war voller Eifer, für ihn zu beten, in der Hoffnung, ihn zu Christus zu führen. Er nahm in mit in sein Zimmer, kniete mit ihm nieder, schloss die Augen und begann zu beten. Während er betete, griff der Hindu in sein Gewand, zog ein Messer heraus und stach damit mehrmals auf Yesus Vater ein.

Als Yesu die Schreie seines Vaters hörte, rannte er ihm zu Hilfe. Er hielt ihn in seinen Armen, während das Blut auf den Boden der Hütte floss. Drei Tage später starb sein Vater. Auf seinem Sterbebett sagte er zu seinem Sohn: »Bitte sag dem Mann, dass ich ihm vergeben habe. Sorg für deine Mutter und führe den Dienst hier weiter. Tu alles, damit Menschen zu Christus finden.«

Evangelisation nach indischer Art

Yesu ist den Worten seines Vaters mit mehr Mut, Entschlossenheit und Glaube nachgekommen, als die meisten Menschen sich je erträumt hätten. Seit über zwanzig Jahren arbeitet er mit einer unvorstellbaren Intensität. Er gründete über hundert Gemeinden, ein Krankenhaus und viele andere Dienste.

Jedes Jahr, normalerweise im Februar, mietet er einen riesigen Park, baut eine Bühne und eine behelfsmäßige Verstärkeranlage auf, steckt mit blankem Draht ein paar Lichter zusammen und hält eine Woche lang evangelistische Veranstaltungen ab. Er kündigt diese Veranstaltungen in der Stadt mit Plakaten und Lautsprechern an. Und die Menschen kommen zu Tausenden und setzen sich vor der Bühne auf den Boden, die Männer auf der einen Seite und die Frauen und Kinder auf der anderen.

Die Abendveranstaltungen beginnen um 18 Uhr. Eine halbe Stunde hört man Instrumentalmusik vom Tonband und anschließend einige besondere Musikstücke. Dann folgt eine kurze, vorbereitende Predigt, die praktisch und aufs tägliche Leben bezogen ist und so den Hörern aufzeigt, dass Christsein Hand und Fuß hat.

So gegen 20 Uhr werden nochmals zwei Musikstücke gespielt. Dann kommt die Hauptpredigt. In ihr steht immer die Person Jesu Christi im Vordergrund. Der Prediger berichtet, wer Jesus war, was er getan hat, wie er gestorben ist und dass durch seinen Tod der Preis für unsere Sünden bezahlt ist. Dass seine Auferstehung denen Kraft gibt, die ihren Glauben und ihr Vertrauen auf ihn setzen.

Von 21 Uhr bis 21 Uhr 30 werden die Zuhörer – ob Moslem, Hindu oder ohne Religionszugehörigkeit – eingeladen, ihr ganzes Vertrauen auf Christus zu setzen. Man bittet sie, nach vorne zu kommen, um Vergebung, Reinigung und ewiges Leben zu empfangen. Dann werden sie aufgefordert, jeden anderen Gott oder jede andere Religion, der sie bisher gefolgt sind, aufzugeben und ihren Glauben und ihr Vertrauen allein auf Jesus zu setzen.

Eine Schrecken erregende Aufgabe

Von Dienstag bis Donnerstag wurden mir Aufgaben zugeteilt, die ich durchaus bewältigen konnte. Entweder sprach ich bei einer viel kleineren Morgenveranstaltung oder ich hielt die vorbereitende Predigt am Abend. Als es aber nun Freitag wurde, sagte Yesu: »Ich habe von Gott den Eindruck bekommen, dass du heute Abend die Hauptpredigt halten solltest.« Ich war wie vom Donner gerührt und fragte mich, warum *ich* keineswegs diesen Eindruck hatte!

Der Rahmen, in dem ich hier bisher gepredigt hatte, genügte mir völlig und ich hatte Zweifel, ob ich mit einer größeren Aufgabe fertig werden würde. Die Sprachbarriere schien trotz eines Übersetzers fast unüberwindlich. Da mir die Kultur nicht vertraut war, würde ich nicht auf praktische Lebenssituationen Bezug nehmen können. Ich würde Schwierigkeiten haben, auflockernde Späße zu machen. Es gab so viele unbekannte Faktoren, dass ich allein bei jedem Versuch zu beten nach dreißig Sekunden von Zweifel und Angst unterbrochen wurde. *Was hat das denn für einen Zweck?,* dachte ich. *Die Hindernisse sind unüberwindbar.*

Der Abend kam. Wir nahmen eine Rikscha zum Park. Als wir näher kamen, konnten wir über die Lautsprecher die vorbereitende Predigt hören. Ich hatte noch ein bisschen Zeit, um meine Panik in mir zu vergrößern.

Wir nahmen hinten auf der Bühne Platz. Als ich nach vorn schaute, erblickte ich ein Meer von Gesichtern, wie ich es in meinem Leben noch nie gesehen hatte. Einer der indischen Leiter stieß mich an und sagte: »Zwanzigtausend Menschen sind heute Abend hier, vielleicht auch dreißigtausend.«

Damit verließ mich dann jeglicher Funke an Mut und Zuversicht, den ich vielleicht noch irgendwo gehabt hatte.

Das wird die absolute Katastrophe!, dachte ich. *Was tue ich überhaupt hier?* Ich blickte hinter die Bühne und sah Yesu und einige seiner Leiter, wie sie auf der schmutzigen Erde lagen und beteten. *Ich weiß, wofür sie beten,* dachte ich. *Ihnen wird klar, dass dieser Amerikaner, der die Hauptpredigt halten wird, absolut dazu im Stande ist, den ganzen Park innerhalb von Minuten zu leeren!*

Ich wusste , dass die Männer, die da beteten, in Armut lebten und mit unglaublichen Schwierigkeiten kämpften, um das Evangelium zu verkünden. Sie gaben ihr ganzes Leben hin, damit Leute, die in bedrückende religiöse Systeme verstrickt sind, die Wahrheit erfahren können!

Und da diese jährlichen Veranstaltungen der Höhepunkt der Mühen eines ganzen Jahres waren, war ich todunglücklich über den Rückschlag, den ihre Arbeit durch meine unfähige Predigt erleiden würde.

Groß ist deine Treue

In diesem Augenblick beendete der erste Sprecher seine Predigt. Das bedeutete, dass ich noch ungefähr zehn Minuten hatte, bevor ich in der Schusslinie stehen würde. Sherry, die Sängerin aus meiner Gemeinde, trat ans Mikrofon, um zu singen. *Ich sollte sie wohl im Gebet unterstützen*, dachte ich, *aber wenn es ums nackte Überleben geht, muss jeder für sich selber sorgen.*

Meine Gebete bekamen einen neuen Eifer. »Oh Herr, hol mich irgendwie hier raus. Lass es regnen. Lass mich verschwinden!« Der Berg sah so riesig aus, dass ich keinen Sinn darin sah, Gott zu bitten, ihn zu versetzen. Ich wäre schon zufrieden gewesen, wenn er einfach über mir einstürzen und mich so aus meinem Elend herausholen würde.

Während meine jämmerlichen Gebete in meinem von Zweifeln erfüllten Geist hin und her rasten, habe ich am Rande Sherrys Lied mit angehört:

»Für alle Zeit wirst du der Gleiche sein.
Du bleibst auf ewig, nie fehlt dein Erbarmen.
So wie du warst, wirst du immer sein.
Groß ist deine Treue! Groß ist deine Treue!
Jeden Tag neu schenkst du mir Erbarmen;
was ich je brauchte, hast du mir gegeben,
groß ist deine Treue zu mir, höchster Herr!«

Sherry beherrschte die Sprache ihrer Zuhörer genauso wenig wie ich. Deshalb konnte sie das Lied nicht einfach nur singen; sie musste den Inhalt verständlich machen. Es musste eine Verständigung von Herz zu Herz stattfinden, sonst würde gar nichts geschehen. Und als sie den Tausenden vor der Bühne ihr Lied aus tiefstem Herzen zusang, sang sie es gleichzeitig einem verzagten, von Zweifeln gequälten Pastor, dessen Glaube verkümmert war und der dieses Lied viel dringender brauchte als die Menschenmenge.

Irgendetwas geschah mit mir, als Sherry dieses Lied sang. »Groß ist *deine* Treue« – als diese Worte durch meinen Kopf gingen, dämmerte mir plötzlich, worauf ich meine Aufmerksamkeit den ganzen Tag konzentriert hatte. Ich war auf mich selbst konzentriert gewesen – auf meine Sprachschwierigkeiten, mein kulturelles Nichtwissen und die daraus resultierende Unsicherheit, meine Unerfahrenheit, meine Schwäche, meine Angst zu versagen und meine schreckliche Furcht vor einer Menschenmenge dieser Größe. Ich schaute geradewegs meinen Berg an und das Einzige, was ich sehen konnte, war meine Unfähigkeit, ihn zu bewegen.

Meine Gebete waren jämmerlich, weil ich die ganze Zeit auf meine Unzulänglichkeit schaute anstatt auf Gottes Zulänglichkeit!

Auf die Perspektive kommt es an

Während Sherry dieses großartige Lied weitersang, sagte ich zu mir: »Halt! Das muss sich sofort ändern. Jetzt wird auf Gott geschaut und nicht auf Hybels.«

Ich hatte nicht mehr viel Zeit, aber ich begann, sehr konzentriert zu sagen: »Ich bete zum Schöpfer der Welt, zum König des Universums, dem allmächtigen, allwissenden und ewig treuen Gott. Ich bete zu dem Gott, der die Berge gemacht hat und der sie, wenn nötig, auch versetzen kann.

Ich bete zu dem Gott, der immer treu zu mir war und der mich nie im Stich gelassen hat, egal, wie viel Angst ich hatte oder wie schwierig die Lage aussah. Ich bete zu einem Gott, der will, dass ich Frucht bringe, und ich vertraue darauf, dass du mich heute Abend gebrauchst. Nicht wegen dem, was ich bin, sondern wegen dem, was du bist. Du bist treu.«

Als Sherry mit dem Lied fertig war, war ich ein neuer Mensch. Das Angebot, lieber irgendwann später zu predigen, hätte ich immer noch mit Begeisterung angenommen, aber ich war nicht mehr erstarrt vor Panik. Ich war bereit, vorwärts zu gehen, da meine volle Aufmerksamkeit auf den treuen Gott gerichtet war. Als ich mit meinem Übersetzer auf das Podium zuging, betete ich ein Gebet, das Berge versetzte, da es sich an Gottes Wort festmachte und nicht an meiner Unzulänglichkeit.

An diesem Abend sprach ich mit einer Sicherheit, die der Heilige Geist mir gab. Sie gründete in der Tatsache, dass Gott allein genügt. Ich erzählte den Menschen, dass jemand sein Blut vergossen hatte, um den Preis für ihre Sünden zu bezahlen. Dieser Jemand war nicht Buddha, keine Hindu-Gottheit und auch keine Gestalt aus einem Mythos oder einem Märchen. Er war ein echtes menschliches Wesen namens Jesus, Gottes einziger Sohn. Ich wiederholte immer wieder: »Ihr seid ihm wichtig. Er hat sein Blut für die Vergebung *eurer* Sünden vergossen, so dass ihr nicht für eure Schuld bezahlen müsst, wenn ihr euren Glauben und euer Vertrauen auf ihn setzt.« Während ich redete, wusste ich, dass Gott am Werk war.

Ich beendete die Predigt und Yesu kam, um den Aufruf zu machen. Ich ging hinter die Bühne zurück, fiel auf die Knie und begann zu beten: »Oh Herr, ich weiß, was diese Menschen dir bedeuten. Zieh sie zu dir.«

Hunderte und Aberhunderte von Leuten strömten nach vorne – Hindus, Moslems, Nichtgläubige in allen Größen und Gestalten, jeder Farbe und jeden Alters. Es kamen so viele, dass ich dachte, mein Herz würde zerspringen. Ich freute mich unsagbar für all die Menschen, die nach vorn kamen und neues Leben in Christus fanden, und ich freute mich, weil Gott an diesem Abend durch Gebet einen Berg, den man Angst nennt, genommen und ihn in die Tiefen des Meeres geworfen hatte. Als ich anfing, meine Aufmerksamkeit auf Gott und nicht auf den Berg zu richten, konnte Gott durch mich wirken.

Mit Gott geradewegs hindurch

Nun aber zum zweiten Grundsatz für Glauben, der Berge versetzt: *Gott gibt uns Glauben, wenn wir mit ihm gehen.*

Eine Geschichte aus dem Alten Testament veranschaulicht diesen Grundsatz sehr schön. Zu Beginn des dritten Kapitels des Buches Josua lagerten die Israeliten am Ufer des Jordan. Vor vierzig Jahren waren sie auf wunderbare Weise aus Ägypten geflohen. Eine Generation lang wanderten sie in der rauen Wüste umher und Gott begegnete all ihren Nöten auf wunderbare Weise. Nun stehen sie vor dem verheißenen Land Kanaan – aber sie haben ein großes Problem: Ein Fluss kreuzt ihren Weg und es gibt keine Möglichkeit, diesen zu umgehen. Was die Sache verschlimmert, ist, dass Hochwasser herrscht und all die Stellen, an denen man sonst den Fluss durchwaten kann, unpassierbar sind. Das Wasser ist tief und hat eine starke Strömung.

Für Gott wäre es ein Leichtes, den Wasserspiegel direkt vor ihren Augen zu senken. Er könnte auch aus dem Nichts eine breite Brücke über den Fluss erstehen lassen. Aber er tut es nicht. Stattdessen gibt er Josua einige merkwürdige Anweisungen, die dieser den Lagernden weitergibt.

Erstens sollen die Lagerverantwortlichen das Volk anweisen, den Blick immer auf die Bundeslade zu richten. Sobald sie sehen, dass die Priester sie tragen, sollen sie hinter ihnen hergehen.

Zweitens sagt Josua dem Volk, dass es erwarten soll, erstaunliche Dinge geschehen zu sehen.

Drittens befiehlt Josua den Priestern, die Bundeslade aufzunehmen und sich damit ins Wasser zu stellen.

Den ersten Schritt tun

Das wird ein bisschen Mut erfordern. Ja, der Herr hat gesagt, dass er für einen trockenen Weg durch den Fluss sorgen wird, aber die Priester haben so etwas noch nie erlebt (als das Rote Meer geteilt wurde, waren sie noch nicht auf der Welt).

Da sie ihr ganzes Leben als Erwachsene in der Wüste verbracht haben, können sie nicht schwimmen. Genau genommen ist dies wohl der erste Fluss, den sie jemals von nahem gesehen haben. Obwohl der Jordan nicht der größte Fluss der Welt ist, sieht er bei Hochwasser nicht sehr freundlich aus. Und mit ein paar hunderttausend erwartungsvollen Israeliten auf den Fersen wird es schwierig sein, es sich anders zu überlegen und umzudrehen, sollte der Fluss weiterhin wild dahinströmen.

Trotz dieser Herausforderung hatten die Priester so viel Glauben zu gehorchen und Folgendes ist passiert: »Und als die Träger der Lade an den Jordan kamen und die Füße der Priester, die die Lade trugen, das Wasser berührten – der Jordan war aber während der ganzen Erntezeit über alle Ufer getreten –, da blieben die Fluten des Jordan stehen […]. Die Priester, die die Bundeslade des Herrn trugen, standen, während ganz Israel trockenen Fußes hindurchzog, fest und sicher mitten im Jordan auf trockenem Boden, bis das ganze Volk den Jordan durchschritten hatte« (Jos 3,15–17).

Gott gab den Priestern nicht im Voraus einen sicheren Beweis oder gar überwältigende Klarheit, dass sich die Wasser teilen würden. Er tat nichts, bis sie ihre Füße ins Wasser setzten und den ersten Schritt an Hingabe und Gehorsam taten. Erst dann brachte er den Fluss zum Stehen. Ebenso wird uns Glaube, der Berge versetzt, gegeben, wenn wir den ersten Schritt tun und den Anweisungen des Herrn folgen.

Heb dich hinweg, Berg

Wie betet man so voller Glauben, dass das Gebet einen Berg versetzen kann? Indem Sie sich nicht mehr auf die Größe Ihres Berges, sondern auf die Größe dessen, der die Berge versetzt, konzentrieren und im Gehorsam losgehen. Wenn Sie mit Gott gehen, wird Ihr Glaube größer werden und Ihr Vertrauen wachsen.

Als sich die Kinder Israels an der Grenze zum Verheißenen Land niedergelassen hatten, wurden zwölf Späher zum Auskundschaften losgeschickt. Zehn kamen zurück und sagten: »Ihr würdet nicht glauben, wie groß die Städte, die Armeen und die Riesen sind. Wir schauen uns besser woanders um.« Zwei kamen zurück und sagten: »Der Gott der Treue hat uns versprochen, uns das Land zu geben, also lasst uns in seiner Stärke losgehen.« Zehn schauten auf die Größe des Berges und wichen zurück und nur zwei schauten auf die Größe dessen, der Berge versetzt, und wollten vorangehen. (Sie finden die Geschichte im Buch Numeri, Kapitel 13.)

Israels Krieger stehen auf einem Hügel über dem Schlachtfeld und Goliat, der Vorkämpfer der Philister, tritt auf, um ihnen Angst zu machen. Die Krieger sagen: »Wir gehen da nicht hinunter, um mit ihm zu kämpfen. Er ist fast drei Meter groß. Schaut seine Rüstung an! Seht seinen Speer! Das Ding will ich nicht in meinen Rippen haben.« Der junge Hirte David kommt daher, blickt über das Feld und sagt: »Schaut auf die Größe unseres Gottes. Lasst mich gehen!« (Lesen Sie die Geschichte im ersten Buch Samuel, Kapitel 17, nach.)

Wahrscheinlich steht fast jeder Mensch im Schatten von mindestens einem Berg, der sich einfach nicht wegbewegen lassen will: eine zerstörerische Gewohnheit, eine schlechte Angewohnheit, eine unerträgliche Ehe- oder Arbeitssituation, ein finanzielles Problem, ein körperliches Leiden. Was ist Ihr unverrückbarer Berg? Haben Sie schon so lange in seinem Schatten gestanden, dass Sie sich an die Dunkelheit gewöhnt haben? Beenden Sie Ihre Gebete mit dem Seufzer: »Ach, was nützt das schon?«

Ich möchte Sie herausfordern, beim Beten Ihren Blickwinkel zu verändern. Verschwenden Sie nicht viel Zeit damit, Gott Ihren Berg zu beschreiben. Er kennt ihn. Richten Sie Ihre Aufmerksamkeit auf den, der die Berge versetzt – auf seine Herrlichkeit, Kraft und Treue. Fangen Sie dann an, im Glauben loszugehen und seiner Führung zu folgen … und schauen Sie zu, wie der Berg zur Seite rückt.

Kapitel 8

Wenn Gebete nicht erhört werden

Fast jede Woche kommt jemand in der Gemeinde auf mich zu oder ruft mich im Büro an und fragt: »Bill, hat Jesus nicht gesagt, ›Bittet, und euch wird gegeben werden; sucht, und ihr werdet finden, klopft an, und man wird euch die Türe öffnen‹?«

Da ich nicht von gestern bin und mir denken kann, worauf Gespräche, die so anfangen, normalerweise hinauslaufen, vermeide ich eine nähere Diskussion über die Worte Jesu im Matthäus-Evangelium, Kapitel 7, Vers 7, und frage einfach: »Was hast du denn für ein Gebet gebetet, von dem du befürchtest, dass Gott es nicht erhört? Wir wollen der Sache gleich auf den Grund gehen.« Es ist erstaunlich, wie oft auf diese Erwiderung ein Ausbruch ehrlicher Verwirrung und Frustration folgt.

- »Ich habe dafür gebetet, dass mein Mann aufhört zu trinken, und gestern Abend kam er wieder betrunken heim.«
- »Ich habe für eine Arbeitsstelle gebetet, aber niemand will einen Fünfzigjährigen in der mittleren Führungsebene einstellen.«
- »Ich habe wegen der Depressionen meiner Frau gebetet und jetzt droht sie mit Selbstmord.«

So gehen die Klagen immer weiter, Woche um Woche, Monat um Monat, Jahr um Jahr. Ich will nicht anfangen zu zählen, mit wie vielen Leuten ich schon über das Geheimnis – oder vielleicht genauer, die Qualen – unerhörten Gebetes in der Seelsorge geredet habe. Und die Leute, die am schlimmsten leiden, sind die, die besonders fest »glauben«, dass Gebet Berge versetzt.

In Seelsorgegesprächen mit einzelnen Leuten, die Kummer haben, weil ihre Gebete nicht erhört werden, verwende ich einen kleinen Vers, den ich von einem befreundeten Pastor übernommen habe:

- Wenn die Bitte falsch ist, sagt Gott: »Nein.«
- Wenn der Zeitpunkt falsch ist, sagt Gott: »Später.«
- Wenn du selbst falsch liegst, sagt Gott: »Wachse.«
- Aber wenn die Bitte, der Zeitpunkt und du selbst stimmen, sagt Gott: »In Ordnung.«

In diesem Kapitel werden wir uns die ersten beiden Probleme – falsche Bitten und falscher Zeitpunkt – anschauen und uns das dritte Problem für Kapitel 9 aufheben, um es dort genauer zu betrachten.

Unangebrachte Bitten

Manche Bitten, egal, wie gut sie gemeint sind, sind nicht angebracht. Auch die Jünger Jesu waren nicht dagegen gefeit, fehlgeleitete Bitten zu äußern. Nicht einmal die, die Jesus am nächsten standen – Petrus, Jakobus und Johannes. Diese drei ruhmreichen Jünger begleiteten Jesus einmal auf den Gipfel eines hohen Berges. Plötzlich kam die ganze Fülle der Herrlichkeit Gottes auf Jesus herab und Mose und Elija erschienen neben ihm. Petrus, Jakobus und Johannes wichen in Ehrfurcht zurück, da sie Gottes strahlende Pracht aus nur wenigen Metern Entfernung sahen. Dann hatte Petrus einen schlauen Gedanken. Manche glauben, dass seine Bitte frei übersetzt ungefähr so lautete: »Jesus, lass uns hier oben Hütten bauen, für dich, Mose und Elija. Wir bleiben gern mit dir auf dem Berg und sonnen uns in deiner Herrlichkeit.«

Jesu unmittelbare Antwort war ein eindrucksvolles Nein: Eine dichte Wolke hüllte sie ein und beendete abrupt jedes weitere Gespräch. Jesus und die Jünger hatten unten, wo die Leute lebten, noch einiges zu tun. Sie konnten nicht auf dem Berggipfel bleiben. Petrus' Bitte war unangebracht und Jesus gewährte sie ihm nicht. (Die ganze Geschichte steht in Mt 17,1–8; Mk 9,2–8; Lk 9,28–36.)

Ein anderes Mal kamen Jakobus und Johannes mit ihrer Mutter zu Jesus und fragten, ob er ihnen die beiden besten Plätze in seinem Königreich reservieren könne. Es war nicht nur die gute Sicht, auf die sie aus waren; sie wollten die ersten geschäftsführenden Beamten von Jesus sein. »Nein«, sagte Jesus. »Ihr wisst nicht, worum ihr bittet. Es wird noch viel Leid und Bedrängnis geben, bevor meine Herrlichkeit sichtbar wird. Und im Übrigen sind die Ehrenplätze schon reserviert.« Mit anderen Worten: »Eure Bitte ist unangebracht und ich kann sie nicht gewähren.« (Die Geschichte steht in Mt 20,20–23; Mk 10,35–40.)

Jakobus und Johannes schienen einen Hang dazu zu haben, immer um die falschen Sachen zu bitten. Einige Zeit nach der Verklärung verweigerte man Jesus und seinen Jüngern die Durchreise durch ein samaritanisches Dorf. Dieser Dämpfer brachte Jakobus und Johannes so aus der Fassung, dass sie Jesus baten, das Dorf durch Feuer vom Himmel zu vernichten. Wieder einmal lehnte Jesus ihre Bitte ab. Er tadelte sie sogar dafür, dass sie sie geäußert hatten. (Die Geschichte wird in Lk 9,51–56 erzählt.)

Zu liebevoll, um Ja zu sagen

Wenn die Jünger dazu im Stande waren, falsche Bitten zu äußern – Bitten, die total eigennützig, offenkundig materialistisch, kurzsichtig oder unreif waren –, dann bin ich es auch. Zum Glück liebt uns unser Gott zu sehr, um zu unangebrachten Bitten Ja zu sagen. Er wird auf solche Gebete durchaus antworten, aber seine Antwort wird Nein lauten.

Im Nachhinein bin ich Gott dankbar dafür, dass er Gebete, die mir angebracht schienen, nicht erhörte.

Ich erinnere mich, dass meine Gemeinde einmal einen wichtigen Mitarbeiterposten zu besetzen hatte. Wir Mitarbeiter hatten schon seit Jahren dafür gebetet, dass Gott uns die richtige Person für die Stelle zeigen möge. Dann kam uns allen gleichzeitig jemand in den Sinn, der für diesen Posten wie geschaffen zu sein schien. Wir fragten Gott, ob derjenige die Person war, die wir suchten, und wir kamen überein, uns im Glauben mit ihm in Verbindung zu setzen.

Die Ältesten beauftragten mich, mich mit demjenigen zu treffen und ihn zu bitten, eine Mitarbeiterschaft bei uns in Erwägung zu ziehen. Wir gingen zusammen in ein Restaurant und ließen uns ein gutes Essen schmecken. Die ganze Zeit über betete ich: »Herr, soll ich ihn jetzt fragen? Ist das der Zeitpunkt? Du weißt, wie dringend wir jemand brauchen, der diesen Bereich leitet.«

Als ich gerade dazu ansetzen wollte, ihm meinen Vorschlag zu unterbreiten, wurde mir klar, dass Gott sagte: »Nein – frag ihn nicht.« Ich hatte keine Ahnung, warum, aber mit Gottes Gnade entschied ich mich, ihm das Angebot nicht zu machen. Gegen Ende des Essens fragte der Mann: »War da sonst noch etwas, worüber du mit mir sprechen wolltest?« Ich antwortete: »Nein, eigentlich nicht. Es war schön, mal wieder mit dir zu reden.« Und ich ging zurück und erzählte meinen Ältesten, dass ich dem Mann diese Möglichkeit des Dienstes nicht anbieten konnte.

Sechs Monate später erfuhren wir, dass im Leben dieses Leiters zentrale Punkte nicht in Ordnung waren. Sein ganzer Dienst ging zu Grunde und er ist bis heute nicht wieder in den Dienst zurückgekehrt. Das hätte in unserer Gemeinde passieren können und Gott hätte in unserer Mitte entehrt werden können. Als ich die tragische Geschichte hörte, betete ich leise: »Danke, Jesus, dass du unsere Gemeindemitglieder, unsere Ältesten und unsere Mitarbeiter genug liebst und dich genug um sie sorgst, um einfach nein zu sagen.«

Die Motive sind entscheidend

Natürlich wird kaum einer von uns an Gott herantreten und absichtlich eine falsche Bitte äußern. Was zum Beispiel sind solche falsche Bitten, die wir äußern, ohne überhaupt zu merken, dass wir nicht richtig liegen? Die berühmteste falsche Bitte ist folgende: »Oh Gott, bitte verändere den anderen.« Frauen bitten dies für ihre Männer, Männer für ihre Frauen, Eltern für ihre Kinder und Angestellte für ihre Vorgesetzten. Wohl immer, wenn zwei oder mehrere Christen eng miteinander zu tun haben, äußert wahrscheinlich einer von ihnen diese Bitte.

Nun ist es oft völlig richtig, dafür zu beten, dass jemand sich verändert. Genau das tun wir ja auch, wenn wir dafür beten, dass Leute umkehren, dass Herzen erweicht werden, dass schlechte Angewohnheiten oder Süchte gebrochen werden. Aber allzu oft ist eben nicht echte Sorge für den anderen der Beweggrund für eine solche Bitte.

Ein aufrichtigeres Gebet wäre zum Beispiel dieses: »Ich will meine eigenen Fehler nicht sehen. Ich will an dieser Beziehung nicht arbeiten. Ich will mich überhaupt nicht verändern. Stattdessen will ich, dass der andere auf all meine Bedürfnisse eingeht, und deshalb bitte ich dich, ihn oder sie zu verändern.« Wenn Sie ein solches Gebet beten, kann es durchaus sein, dass Gott Nein sagt.

Gottes Ehre oder meine?

Es gibt jede Menge anderer unangebrachter und eigennütziger Gebete, die wie berechtigte Bitten aussehen. »Bitte mach, dass dieser neue Auftrag an mich vergeben wird« mag eine einwandfreie Bitte für Leute sein, deren Aufgabe es ist, Aufträge einzuholen. Es ist nichts Schlechtes dabei, um Hilfe bei den Geschäften zu bitten; wir sollen ja alle unsere Belange vor Gott bringen. Aber wenn Ihre Motivation die ist, vor den anderen Anbietern anzugeben oder reich zu werden, um einen verschwenderischen Lebensstil zu pflegen, oder den Leitungspersonen, die Ihnen davon abgeraten hatten, eine lange Nase zu machen, dann ist es eine falsche Bitte und Gott wird wahrscheinlich Nein sagen.

Oder Pastoren beten: »Oh Herr, lass unsere Gemeinde wachsen.« Natürlich würde Gott dieser Bitte gern nachkommen! Aber wenn die Pastoren in Wirklichkeit Folgendes meinen: »Ich will eine Berühmtheit mit einer großen Gemeinde, ausgefallenen Programmen und viel Aufmerksamkeit der Medien werden«, dann ist die Bitte falsch.

Genauso kann es sein, dass die christlichen Musiker, die beten: »Gib, dass mein Album sich gut verkauft und dass aus meiner Tournee etwas wird«, um persönlichen Ruhm bitten, egal, wie oft sie auf der Bühne über Gott reden. Wir können uns selbst vormachen, dass egoistische Bitten in Ordnung sind, aber Gott können wir nichts vormachen. Er weiß, wann unsere Beweggründe destruktiv sind, und oft beschützt er uns davor, indem er Nein sagt.

Bevor wir eine Bitte vor Gott bringen, wäre es gut, wenn wir uns Folgendes fragten:

Wenn Gott diese Bitte gewähren würde,
- würde es ihm Ehre geben?
- würde es sein Reich vorantreiben?
- würde es Menschen helfen?
- würde es mir helfen, geistlich zu wachsen?

Wenn wir gezwungen sind, unsere Bitten genau anzuschauen, kann Gebet für uns reinigende Wirkung haben. Wenn wir zu dem Schluss kommen, dass unsere Motive falsch waren, können wir sagen: »Herr, vergib mir. Hilf mir, zu wachsen. Hilf mir, nur Dinge zu wollen und Bitten zu äußern, die deinem Willen entsprechen.«

Wenn Sie ausgiebig für etwas gebetet und Widerstand vom Himmel her gespürt haben, möchte ich Sie dazu auffordern, Ihre Bitte noch einmal zu überdenken. Vielleicht liegt das Problem in der Bitte. Wollen Sie mit Ihrer Bitte einfach vor etwas davonlaufen und sich dem wahren Problem nicht stellen? Vielleicht ist Ihre Bitte auf eine Art zerstörerisch, die Ihnen gar nicht klar ist. Vielleicht ist sie eigennützig, kurzsichtig oder zu gering. Gott hat vielleicht etwas Besseres vor. Was auch immer der Grund sein mag, wenn die Bitte falsch ist, sagt Gott Nein!

Manchmal ist der Beweggrund für unsere Bitte nicht falsch, aber in der unendlichen Rätselhaftigkeit der Dinge scheint am Ende ein Nein herauszukommen. Jeden Tag werden gottesfürchtige Leute von furchtbaren tödlichen Krankheiten befallen. Betende Eltern sterben, ohne erlebt zu haben, dass ihre widerspenstigen Kinder wieder nach Hause zurückkehren. Christen wie Heiden werden von unbeschreiblichen Tragödien heimgesucht. Die Gerechten leiden und die Unschuldigen kommen um. Nichts ahnende Anbeter werden grundlos getötet; ein Turm stürzt über achtzehn Juden ein und zerschmettert sie ungeachtet ihrer Person (Lk 13,1–4). Der Apostel Jakobus wird enthauptet, während Petrus auf wunderbare Weise befreit wird (Apg 12). Der Apostel Paulus leidet sein ganzes Leben lang an einem »Dorn im Fleisch« und stirbt schließlich durch das Beil eines römischen Henkers. Viele Christen spüren, dass Gott ihre Gebete hört und mitfühlt, aber manche Bitten bleiben dennoch unerhört. Warum würde ein vollkommen liebender, allmächtiger Gott aufrichtigen Gläubigen berechtigte Bitten abschlagen?

Wir dürfen nicht vergessen, dass trotz des Sieges, den Gott durch den Dienst und die Auferstehung Jesu Christi über Satan errungen hat, noch nicht alles erledigt ist. Der Feind ist immer noch am Werk. Seine Tage sind gezählt und sein Ende ist sicher. Aber bis dahin bleibt er der Fürst dieser Welt und er kämpft gegen die Wege Gottes. Er verursacht viel Leid und scheint oft die Oberhand zu haben.

Wie dem auch sei, Gott wird das letzte Wort haben und er wird seine allumfassende Herrschaft in Errettung und Gericht bei der Wiederkunft Christi geltend machen. Wegen dieses endgültigen Sieges haben Christen die Gewissheit, dass eben den Gebeten, die in diesem Leben unerhört blieben, in der Ewigkeit auf spektakuläre Weise Genüge getan werden wird. Dann wird Gott »alle Tränen von ihren Augen abwischen: Der Tod wird nicht mehr sein, keine Trauer, keine Klage, keine Mühsal. Denn was früher war, ist vergangen« (Offb 21,4).

Wenn der *Zeitpunkt* falsch ist, sagt Gott: »Später.« Das gefällt den meisten von uns nicht viel besser als Nein.

Noch nicht

Wir leben in einer Gesellschaft, in der alles sofort passieren muss und in der immer versucht wird, alles noch funktionaler zu machen. Die Fernverkehrsstraßen und Supermärkte haben Überholspuren, Fotounternehmen versprechen kostenlose Abzüge, wenn der Film nicht innerhalb von vierundzwanzig Stunden entwickelt ist, und viele Wäschereien garantieren, dass in einer Stunde alles fertig ist. Das erklärt, warum mir viele Leute gesagt haben: »Ich weiß nicht, was ich denken soll. Ich habe jetzt schon drei Tage für etwas gebetet und Gott hat immer noch überhaupt nichts getan.«

Eltern wissen, dass die Worte »noch nicht« für Kinder fast die schrecklichsten der menschlichen Sprache sind und nur noch vom Wort »Nein« übertroffen werden. Sie brechen zu einer Autofahrt über fünfhundert Kilometer auf. Nach fünfzehn Kilometern fragen Stimmen vom Rücksitz: »Sind wir bald da?« – »Noch nicht«, sagen Sie und schon fängt das Stöhnen und Jammern an.

»Morgen habe ich Geburtstag. Darf ich meine Geschenke schon heute Abend aufmachen? Das ist doch nah genug dran.«

»Alle anderen Mädchen in meiner Klasse kommen geschminkt zur Schule. Darf ich auch?«

»Ich bin jetzt vierzehn, bringst du mir nun bald Autofahren bei?«

Kinder hassen es, die Antwort »Noch nicht« zu bekommen. Und in uns allen steckt so ein ungeduldiges Kind, ein Kind, das will, dass Gott auf der Stelle – oder besser gestern schon – jedes Bedürfnis stillt, jede Bitte gewährt und jeden Berg versetzt. Wenn der allwissende, ewig weise, liebende himmlische Vater denkt, dass es das Beste ist, »Noch nicht« zu sagen, was ist dann unsere wohl durchdachte reife Antwort? »Aber Gott, du verstehst nicht. Ich will es jetzt sofort. Nicht in drei Jahren. Nicht in drei Monaten. Nicht in drei Tagen. Hör mir doch zu, wenn ich bete – ich will es jetzt!«

Der Vater weiß es am besten

Gott lässt sich aber von kindischen Forderungen nach sofortiger Befriedigung genauso wenig einschüchtern wie kluge Eltern. Er schüttelt nur den Kopf über unsere Unreife und sagt: »Du kannst stampfen und brüllen, wenn es sein muss, aber du kannst noch nicht haben, was du willst. Vertrau mir. Ich weiß, was ich tue. Ich habe meine Gründe. »

Hüten Sie sich, darauf zu bestehen, dass Sie besser wissen als Gott, wann eine Bitte gewährt werden sollte. Wenn Gott etwas hinausschiebt, heißt das nicht zwangsläufig, dass er es verweigert. Er hat Gründe für sein »Noch nicht«.

Manchmal zögert Gott Sachen hinaus, um unseren Glauben zu prüfen. Halten wir ihn für einen himmlischen Verkaufsautomaten, den wir treten sollten, wenn er nicht sofort eine Antwort ausspuckt? Oder ist er für uns ein liebender Vater, der uns das, was wir brauchen, dann gibt, wenn wir es brauchen? Vertrauen wir ihm auch dann, wenn wir keine sofortigen Ergebnisse sehen?

Manchmal wartet Gott, damit wir unsere Bitten noch abändern können. Mit der Zeit erkennen wir vielleicht, dass unsere ursprüngliche Bitte nicht ganz koscher war. Da wir die Sachlage jetzt besser verstehen, möchten wir die Bitte vielleicht so abändern, dass sie Gottes Willen besser entspricht.

Manchmal zögert Gott Dinge hinaus, damit wir Charaktereigenschaften wie Ausdauer, Vertrauen, Geduld oder Demut entwickeln können – Eigenschaften, die sich nur herausbilden, wenn wir geduldig warten und auf seine Zeitplanung vertrauen. Ein großer Teil an geistlichem Wachstum erwächst aus Leid, Schmerz, Anstrengung, Verwirrung und Enttäuschung. Wie lange würden wir freiwillig eine solche Charakterschule ertragen, ohne Gott zu bitten, das alles von uns zu nehmen?

Mag sein, dass wir die Gründe für den Aufschub nicht sehen können, aber das ist ja nicht verwunderlich. Denn Gott sagt durch den Propheten Jesaja: »Meine Gedanken sind nicht eure Gedanken, und eure Wege sind nicht meine Wege […]. So hoch der Himmel über der Erde ist, so hoch erhaben sind meine Wege über eure Wege und meine Gedanken über eure Gedanken« (Jes 55,8–9). Wir sind die Geschöpfe, Gott ist der Schöpfer. Er weiß, welcher Zeitpunkt der beste ist.

Wie oft habe ich schon Monate oder gar Jahre gewartet, bis meine Gebete erhört wurden! Oft schon habe ich geglaubt, dass Gott Nein sagte, nur um später zu entdecken, dass seine Antwort »Noch nicht« war, damit er dann ein Wunder tun konnte, das größer war, als ich je am Anfang zu glauben und beten gewagt hätte. Wenn die Ergebnisse dann da sind, ist Gottes Weisheit offensichtlich, und ich bin froh, geduldig auf ihr Offenbarwerden gewartet zu haben.

Was hindert mich noch?

Es gibt einen dritten Grund, warum unsere Gebete nicht erhört werden. Es kann sein, dass irgendetwas in unserem Leben nicht in Ordnung ist, dass wir Mauern zwischen uns und Gott errichtet haben.

Stellen Sie sich vor, dass Sie zwei oder drei Wochen Urlaub gemacht haben. Sie kommen zurück und stellen fest, dass derjenige, den Sie zum Rasenmähen angestellt hatten, am Tag nach Ihrer Abfahrt ins Krankenhaus musste und seither im Streckverband liegt. Ihr Rasen ist ungefähr vierzig Zentimeter hoch und Ihnen ist klar, dass Ihr kleiner Supermarktrasenmäher damit nicht fertig werden wird. Zum Glück hat Ihr Nachbar einen Rasenmäher, der gar alles niedermachen kann, und er hat oft zu Ihnen gesagt: »Hey, wenn du je mal in der Klemme sitzt, kannst du meinen Mäher benutzen.« Sie beschließen, ihn beim Wort zu nehmen.

Als Sie auf dem Weg zu seinem Haus im Geist Ihre Bitte formulieren, watschelt der kleine Dackel Ihres Nachbarn auf Sie zu und beginnt, an Ihren Hosenbeinen herumzuschnüffeln. Nun aber hassen Sie Dackel und diesen ganz besonders. Er jault, macht auf Ihren Rasen und schnappt immer nach Ihnen – und genau das tut er auch jetzt gerade. Sie können kaum einen Fuß vor den anderen setzen, ohne gebissen oder zum Stolpern gebracht zu werden.

Gereizt geben Sie dem kleinen Kerl einen verstohlenen, schnellen Tritt. Dann schauen Sie hoch und sehen, wie Ihr Nachbar mit verschränkten Armen auf seiner Veranda steht und Sie gerade anschaut. Ist das ein guter Augenblick, um um den Rasenmäher zu bitten? Oder gibt es da etwas, das Sie in Ordnung bringen sollten, bevor Sie ihn um einen Gefallen bitten?

Gott lädt uns immer wieder ein, mit all unseren Nöten zu ihm zu kommen. Er bietet uns freien Zugang zu all seinen Reichtümern an.

Aber bei manchen von uns gibt es ein paar Dinge, die wir in Ordnung bringen müssen, bevor wir sein Angebot annehmen können.

Im nächsten Kapitel werden wir uns sechs »Gebetshindernisse« anschauen – Handlungen und Haltungen, die uns den Zugang zu Gott versperren können.

Kapitel 9

Gebetshindernisse

Wenn jemand Sie fragt, was Sie am meisten motiviert, in Ihrem Gebetsleben zu wachsen, was würden Sie antworten? Was ist es, das Sie dazu bringt, mehr beten zu wollen? Was macht Ihre Gebete noch leidenschaftlicher?

Das, was mich am meisten motiviert, sind *erhörte Gebete*.

Wenn ich für eine Predigt bete und Gott mich erhört, indem er mir eine Erkenntnis über eine Schriftstelle, eine Idee zur Anordnung des Materials, ein treffendes Beispiel zur Veranschaulichung schenkt oder mich beim Predigen seine Kraft spüren lässt, dann bin ich angespornt, für die nächste Predigt zu beten.

Wenn ich für jemanden bete, der den Herrn nicht kennt, und derjenige mich eines Tages anruft und sagt: »Ich gehöre jetzt auch zur Familie – ich habe mein Leben Jesus anvertraut«, dann bin ich motiviert, weiter für die anderen Leute auf meiner Liste zu beten, die noch nicht gerettet sind.

Wenn ich für eine schwierige Entscheidung bete und dann spüre, wie Gott mich führt und ich seiner Weisung folge und im Nachhinein feststelle, dass ich die bestmögliche Alternative gewählt habe, dann bin ich ganz wild darauf, für alle Entscheidungen zu beten, die auf mich zukommen.

Wenn Gebete nicht erhört werden

Erhörtes Gebet motiviert mich sehr. Ich fühle mich dann wie Mose, der mit erhobenen Armen auf dem Berg steht und durch seine Gebete die Schlacht bestimmt. Wenn meine Gebete so gute Ergebnisse haben, dann macht Beten Spaß.

Umgekehrt lässt mein Gebetseifer rapide nach, wenn ich beharrlich, leidenschaftlich und vertrauensvoll bete, ohne dass sich dadurch irgendetwas zu verändern scheint. Nichts ist entmutigender als eine Reihe noch nicht erhörter Gebete. Sie rufen zum Himmel und keiner scheint zu Hause zu sein. Die Truppen werden vor Ihren Augen niedergemetzelt und Sie haben nicht übel Lust, Ihre Arme herunterzunehmen und zu sagen: »Was soll's?«

Im vorletzten Kapitel haben wir uns zwei schwer wiegende Gründe angeschaut, warum Gebete unerhört bleiben: Die Bitte ist nicht in Ordnung oder der Zeitpunkt ist falsch. Danach hatten wir uns einen dritten Grund für unerhörtes Gebet angesehen: Es kann auch sein, dass es im Leben dessen, der betet, ein Problem gibt.

Bei jedem unerhörten Gebet ist es wichtig, alle drei möglichen Hinderungsgründe durchzuprüfen. Wenn Sie aber vor einer langen Liste unerhörter Gebete stehen, sollten Sie vielleicht der dritten Kategorie besondere Beachtung schenken. Es ist unwahrscheinlich, dass alle Ihre Bitten unangebracht sind, auch wenn manche es durchaus sein mögen. Es ist unwahrscheinlich, dass der Zeitpunkt immer falsch ist, auch wenn Sie Gott vielleicht manchmal ein wenig voraus sind. Wahrscheinlicher ist, dass etwas in Ihrem Leben nicht stimmt und dass das Ihre Gebete blockiert, und zwar auch die, die angemessen sind und bei denen der Zeitpunkt in Ordnung ist.

Wenn Gebete nicht erhört werden, wollen die meisten Leute wissen, was mit Gott los ist. Das ist eine normale menschliche Reaktion. Es ist leichter, Gott die Schuld zuzuschieben, als in den Spiegel zu schauen und zu sagen: »Vielleicht liegt das Problem bei mir.« Von den vielen Menschen, die wegen unerhörter Gebete bei mir in der Seelsorge waren, hat nur eine Hand voll gefragt: »Glauben Sie, dass ich dem Wunder, für das ich bete, selbst im Weg stehe?«

Ich habe einmal eine Gruppe von Gemeindeleitern gebeten, biblische Gründe für unerhörtes Gebet aufzuzählen. Die meisten der Gründe, die sie nannten, gehörten in diese dritte Kategorie – Probleme im Leben dessen, der betet. Ich nenne diese Gründe »Gebetshindernisse«. Einige der wichtigsten werden wir uns nun anschauen.

Alles außer Gebet

Die häufigste Ursache für unerhörte Gebete ist *Gebetslosigkeit.* Jakobus drückt es so aus: »Ihr erhaltet nichts, weil ihr nicht bittet« (Jak 4,2).

Seien Sie ehrlich: Wie oft geht es Ihnen so? Sie beschließen, für etwas zu beten. Sie setzen es auf Ihre Gebetsliste oder erzählen einem Freund, dass Sie dafür beten, und Sie tun es auch … beinahe. Sie denken zwar ab und zu daran, aber letzten Endes beten Sie fast überhaupt nie dafür. Warum erhört Gott Ihr Gebet nicht? Weil Sie noch nicht entschlossen, inbrünstig und erwartungsvoll gebetet haben.

Leute erzählen mir oft, wie sie versucht haben, eine drückende Not anzugehen. Sie sind zu Seelsorgern gegangen, haben Selbsthilfebücher gelesen, Verheißungen aus der Bibel in Anspruch genommen, Selbstdisziplin geübt, sich christlichen Freunden anvertraut, sie waren anmaßend oder demütig oder haben sich selbst verleugnet oder »Positives Denken« praktiziert, ja sogar Bücher über Gebet gelesen – und die Not ist immer noch da.

Ich sage diesen Leuten dann: »Schauen Sie mir in die Augen und sagen Sie mir, ob Sie über einen längeren Zeitraum hinweg regelmäßig und brennenden Herzens für diese Sache gebetet haben.«

Im Normalfall treten sie dann von einem Fuß auf den anderen, schauen zum Boden und murmeln: »Hm, äh, wissen Sie, äh … ich denke, nicht.«

Ich verstehe das nur zu gut. Ich muss zugeben, dass ich oft zu dem Klub gehöre, dessen Motto ist: »Wenn alle Stricke reißen, dann bete.«

Warum beten, wenn ich mir auch Sorgen machen kann? Warum beten, wenn ich mich auch zu Tode arbeiten kann, um das, was ich brauche, ohne Hilfe zu erreichen? Warum beten, wenn's auch ohne geht?

Regelmäßig, ernsthaft und beharrlich

Wann haben Sie das letzte Mal beständig über einen längeren Zeitraum hinweg

- für Ihren Ehepartner, Ihre Eltern oder Ihre Kinder gebetet?
- für jemand gebetet, dass er Jesus kennen lernt ?
- für Frieden in den Kriegsgebieten unserer Welt gebetet?
- dafür gebetet, dass Ihre Gemeinde durch die Kraft Gottes radikal verändert wird?
- dafür gebetet, dass Gott Sie einsetzt?

1978 reiste ich nach Korea, um mir die größte Gemeinde der Welt anzuschauen. Immer von Freitagabend um 20 Uhr bis Samstagmorgen um 7 Uhr versammelten sich 10 000 Leute in einer Halle und beteten, dass Gott die Gemeinde segnen und neue Menschen hinzuführen möge. Jeden Samstag pilgerten einige tausend Leute zu einem Berg, den sie »Gebetsberg« nennen, setzten sich in dessen viele Höhlen und beteten, dass Gott auf übernatürliche Weise wirken möge.

1978 hatte die Gemeinde 100 000 Mitglieder. Manche Leute mögen gedacht haben, sie sei groß genug, aber die Mitglieder hatten eine Vision. Nach zehn Jahren des Gebets war die Mitgliederzahl auf 450 000 angewachsen. Wenn wir arbeiten, arbeiten wir, wenn wir beten, arbeitet Gott!

Jemand hat einmal gesagt: Wenn man Gott einen Fingerhut bringt, wird er ihn füllen. Wenn man Gott einen Eimer bringt, wird er diesen füllen. Wenn man Gott ein 2 000-Liter-Fass bringt, wird er auch dieses füllen. Erwarten Sie von Gott, dass er Ihren Nöten begegnet? Bitten Sie ihn, dies zu tun – regelmäßig, ernsthaft und beharrlich?

Sündig durch Betrügen

Der zweite Grund, warum Gebete nicht erhört werden, ist besonders deutlich. *Nicht bekannte Sünde* trennt unsere Verbindung mit dem Vater. In Jesaja, Kapitel 59, Vers 2, heißt es: »Was zwischen euch und eurem Gott steht, das sind eure Vergehen; eure Sünden verdecken sein Gesicht, sodass er euch nicht hört.«

Welche Sünden sind es, die unseren Zugang zu Gott versperren? Der Prophet Maleachi erhob seine Stimme gegen die Angewohnheit, *Gott zu betrügen.* Trotz der klaren Anweisung Gottes, ihm nur die besten Tiere als Opfer darzubringen, brachten die Israeliten ihre erstklassigen Tiere auf den Markt, wo sie Höchstpreise dafür erzielen konnten. Dann nahmen sie die wertlosen Tiere – die blinden, die lahmen, die, die bald sterben würden – und brachten sie zum Altar Gottes.

Die Führer Israels versuchten nicht nur, Gott zu betrügen, sie *betrogen auch die Armen.* Sie bezahlten lächerlich geringe Löhne, entzogen allein stehenden Müttern die Lebensgrundlage und behandelten Fremde ungerecht (Mal 3,5).

Außerdem *betrogen Männer ihre Frauen* und Scheidungen nahmen überhand. »Ihr weint und klagt, weil [der Herr] sich eurem Opfer nicht mehr zuwendet und es nicht mehr gnädig annimmt aus eurer Hand. Und wenn ihr fragt: Warum?: Weil der Herr Zeuge war zwischen dir und der Frau deiner Jugend, an der du treulos handelst, obwohl sie deine Gefährtin ist, die Frau, mit der du einen Bund geschlossen hast« (Mal 2,13b–14).

Gott wetterte durch Maleachi: »Nachdem ihr mich, die Unterdrückten unter euch und sogar eure eigenen Frauen betrogen habt, habt ihr noch die Frechheit, um meine Gunst zu bitten! Ihr verspottet mich und erwartet dann noch, dass ich euch eure Bitten gewähre! Aber warum sollte ich eure Bitten respektieren, wenn ihr meine nicht respektiert?« (vgl. Mal 1).

Ich bin früher Motorradrennen gefahren. Ein Motorrad ist eine robuste Maschine, die unwahrscheinlich viel aushält, deren Treibstoff aber absolut rein sein muss. Beim Tanken habe ich das Benzin immer durch einen Filter oder durch ein Taschentuch laufen lassen, um sicherzugehen, dass keine Schmutzpartikel den Motor davon abhalten können, seine volle Leistung zu bringen. Jedes Schmutzstückchen könnte einen Verlust der Leistungsfähigkeit verursachen. Wenn Sie auch nur eine kleine Sünde in Ihr Herz lassen, wird diese Ihre Gebete verseuchen. Ihr Leben als Christ wird seine mögliche Fülle nicht erreichen.

Gott erwartet von uns, dass wir unter allen Umständen persönliche Integrität wahren. Er erwartet von uns, dass wir uns anderen gegenüber zuvorkommend und liebevoll verhalten und mit ihm eine Beziehung pflegen. »Es ist dir gesagt worden, Mensch, was gut ist und was der Herr von dir erwartet: Nichts anderes als dies: Recht tun, Güte und Treue lieben, in Ehrfurcht den Weg gehen mit deinem Gott« (Mi 6,8).

Wenn wir uns weigern, diese Dinge zu tun, ist es vermessen zu erwarten, dass Gott unsere Gebete erhört. Wenn Sie Sünde in Ihrem Leben dulden, brauchen Sie Ihre Zeit nicht mit Beten zu verschwenden – es sei denn, Sie beten ein Bußgebet. Empfangen Sie vom Herrn Vergebung, dann wird er gern zuhören, wenn Sie ihm Ihr Herz ausschütten.

Zerbrochene Beziehungen

Gebetshindernis Nummer drei sind *ungelöste Beziehungskonflikte.* Im Matthäus-Evangelium, Kapitel 5, Verse 23 und 24, heißt es: »Wenn du deine Opfergabe zum Altar bringst und dir dabei einfällt, dass dein Bruder etwas gegen dich hat, so lass deine Gabe dort vor dem Altar liegen; geh und versöhne dich zuerst mit deinem Bruder, dann komm und opfere deine Gabe.«

Petrus weitet dieses Prinzip in seinem ersten Brief, Kapitel 3, Vers 7, noch aus: »Ebenso sollt ihr Männer im Umgang mit euren Frauen rücksichtsvoll sein, denn sie sind der schwächere Teil; ehrt sie, denn auch sie sind Erben der Gnade des Lebens. So wird euren Gebeten nichts mehr im Weg stehen.«

Die meisten von uns unterschätzen total, wie viel Gott daran liegt, eine liebende Gemeinschaft, eine Familie, zu schaffen und zu erhalten. Er nimmt uns in seine Familie auf und möchte, dass wir unsere Beziehung mit ihm in unsere Beziehungen zu anderen mit hineinnehmen. Wenn wir unseren Brüdern und Schwestern Gutes tun, ist es, als würden wir Jesus selbst etwas Gutes tun (Mt 25,31–46). Da Gott uns vergeben hat, sollen wir anderen vergeben (Eph 4,32; Kol 3,13).

Es hat keinen Sinn zu beten, wenn Sie in andauerndem Konflikt mit einem Familienmitglied, einem Mitarbeiter, einem Nachbarn oder einem Freund stehen. »Wer sagt, er sei im Licht, aber seinen Bruder hasst, ist noch in der Finsternis« (1 Joh 2,9). Gott wird zuhören, wenn Sie ins Licht treten, die Sünden bekennen, durch die Sie und die andere Person entzweit wurden, und versuchen, die Beziehung wieder in Ordnung zu bringen.

Natürlich ist es nicht immer möglich, Dinge wieder in Ordnung zu bringen. In seinem Brief an die Gemeinde in Rom rät Paulus dieser: »So weit es euch möglich ist, haltet mit allen Menschen Frieden!« (Röm 12,18). Manchmal kann es passieren, dass der andere lieber im Streit verbleibt, als Ihre Entschuldigung anzunehmen. Wenn das passiert, schauen Sie tief in Ihr Herz. Haben Sie aufrichtig versucht, die Beziehung wiederherzustellen, oder halten Sie noch etwas zurück? Liegt Ihnen wirklich daran, die Beziehung zu kitten, oder würden Sie die Schuld lieber auf den anderen schieben und weiterhin mit dem Bruch leben? Wenn Ihre Versuche ernsthaft und ehrlich waren, wird Gott nicht zulassen, dass die zerbrochene Beziehung Ihren Gebeten im Weg steht. Wenn Ihre Versöhnungsversuche aber halbherzig und egoistisch waren, versuchen Sie es noch einmal – und diesmal ernsthaft.

»Lieber Weihnachtsmann …«

Das vierte Gebetshindernis ist *Selbstsucht.* »Ihr bittet und empfangt doch nichts, weil ihr in böser Absicht bittet, um es in eurer Leidenschaft zu verschwenden« (Jak 4,3). Viele der unangebrachten Bitten, die wir uns im letzten Kapitel angeschaut haben, sind deshalb falsch, weil sie egoistisch sind. Selbstsucht im Herzen ist eine sehr häufige Schranke zwischen dem Christen und Gott.

Wie würde es Ihnen gehen, wenn man Ihre Gebete veröffentlichen und sie auf Reklameflächen und Schirmdächern zur Schau stellen würde? »Lieber Herr, mach, dass ich berühmt werde, mach, dass ich reich werde, mach, dass es mir gut geht, und lass all meine Träume wahr werden.«

Als ich begann, mich mit Gebet auseinanderzusetzen, war ich über diesen Punkt niedergeschmettert. Ich ging meine üblichen Gebete durch und musste eine Menge unpassender Habgier entdecken. Bei mir herrschte eine große Verwirrung über den Unterschied zwischen Wünschen und Bedürfnissen, Ansprüchen und Gefälligkeiten, Bequemlichkeit und Christusähnlichkeit, Anrecht und Gnade.

Ich entdeckte, dass ich im Klartext immer gesagt hatte: »Bewahre mich vor Prüfung oder Unglück oder Schmerz oder allem sonst, woran ich wirklich wachsen und ein Mann Gottes werden könnte. Gib mir einfach ein bequemes, glückliches, befriedigendes und problemloses Leben.«

Als Jesus das Mustergebet sprach, das wir Vaterunser nennen, waren seine ersten Anliegen die, dass Gottes Name geehrt werde, dass sein Reich komme und dass sein Wille geschehe. Das hört sich ganz anders an als die egoistischen, kurzsichtigen Gebete, die ich immer gebetet hatte.

Ich habe mich gefragt, warum meine Gebete so selten erhört wurden. Als ich mir genauer anschaute, wofür ich gebetet hatte, verstand ich: Wenn Gott so offenkundig egoistische Bitten gewährt hätte, wäre ich geistlich schnell ruiniert gewesen.

Den Schrei der Armen hören

Das fünfte Gebetshindernis ist *Gleichgültigkeit.* Im Buch der Sprichwörter, Kapitel 21, Vers 13, heißt es: »Wer sein Ohr verschließt vor dem Schreien des Armen, wird selbst nicht erhört, wenn er um Hilfe ruft.«

Im Alten Testament gibt es eine sehr schöne Stelle über dieses Hindernis. Die Israeliten wunderten sich, warum Gott ihre Gebete nicht erhörte. Sie hatten sogar gefastet und sich gedemütigt – und noch immer hörte er nicht. Dies ist, was er ihnen durch seinen Propheten mitteilte:

> »Seht, an euren Fasttagen macht ihr Geschäfte und treibt alle eure Arbeiter zur Arbeit an [...]. So wie ihr jetzt fastet, verschafft ihr eurer Stimme droben kein Gehör [...]. Nein, das ist ein Fasten, wie ich es liebe: Die Fesseln des Unrechts zu lösen, die Stricke des Jochs zu entfernen, die Versklavten freizulassen, jedes Joch zu zerbrechen, an die Hungrigen dein Brot auszuteilen, die obdachlosen Armen ins Haus aufzunehmen, wenn du einen Nackten siehst, ihn zu bekleiden und dich deinen Verwandten nicht zu entziehen [...]. Wenn du dann rufst, wird der Herr dir Antwort geben, und wenn du um Hilfe schreist, wird er sagen: Hier bin ich« (Jes 58,3–9).

Gott will sich ein Volk schaffen, das sein Wesen in dieser Welt widerspiegelt, und sein Wesen bringt immer Anteilnahme und Mitgefühl für die Bedrückten zum Ausdruck.

Ich habe einmal einen Cartoon gesehen, der Hunderte und Aberhunderte von Leuten darstellte, die hintereinander in einer Schlange standen, so weit das Auge reichte. Jeder dachte genau das Gleiche: Was kann ich schon tun? Ich bin ja nur ein Einzelner.

Als Einzelperson werden Sie vielleicht nicht fähig sein, die Welt zu verändern. Sie können sich aber trotzdem nach einer Möglichkeit umsehen, im Kleinen zu helfen. Vielleicht gibt es in Ihrer Gemeinde eine Suppenküche oder einen Besuchsdienst im städtischen Gefängnis. Vielleicht können Sie mit Ihren Fähigkeiten ein klein wenig gegen die Übel unserer Zeit – Arbeitslosigkeit, Kindesmisshandlung, Alkoholismus oder Selbstmord – ausrichten. Wenn Sie ein offenes Ohr für die Bedrückten haben, wird Gott sein Ohr für Sie offen halten.

Ein Gott voller Macht

Mangelnder Glaube ist das letzte Gebetshindernis. »Fehlt es aber einem von euch an Weisheit, dann soll er sie von Gott erbitten; Gott wird sie ihm geben, denn er gibt allen gern und macht niemand einen Vorwurf. Wer bittet, soll aber voll Glauben bitten und nicht zweifeln; denn wer zweifelt, ist wie eine Welle, die vom Wind im Meer hin und her getrieben wird. Ein solcher Mensch bilde sich nicht ein, dass er vom Herrn etwas erhalten wird: Er ist ein Mann mit zwei Seelen, unbeständig auf all seinen Wegen« (Jak 1,5–8).

Ist Gott fähig? Ist er allmächtig? Wenn Ihnen diese Worte nicht in Fleisch und Blut übergehen, können Sie das Beten genauso gut lassen. Wenn über Ihren Gebeten Zweifelswolken hängen, werden sie nirgendwohin führen.

Bevor Sie niederknien, schauen Sie in der Bibel an, was Gott für sein Volk getan hat. Blicken Sie dann auf das, was Gott in Ihrem Leben getan hat, wo seine Macht, seine Treue, seine Fürsorge sichtbar geworden sind. Stimmen Sie Ihren Geist richtig ein, damit Sie dann, wenn Sie ins Gebet gehen, eine solche Vorstellung von Gebet haben, dass alles möglich ist.

Je mehr Sie von Gottes Macht überzeugt sind, desto mehr wird er Sie davon sehen lassen. Jesus sagt seinen Jüngern nie, sie sollen Wünsche gen Himmel werfen. Stattdessen sagt er: »Amen, das sage ich euch: Wenn jemand zu diesem Berg sagt, hebe dich empor, und stürz dich ins Meer!, und wenn er in seinem Herzen nicht zweifelt, sondern glaubt, dass es geschieht, was er sagt, dann wird es geschehen« (Mk 11,23). Wenn Sie beten, stellen Sie sich darauf ein, eine mächtige Demonstration der Kraft Gottes zu erleben.

Gott sagt: »In Ordnung!«

In Wahrheit sind also wir selbst oft die einzigen Hindernisse, die uns den Weg versperren, ein dringend notwendiges Wunder in Empfang zu nehmen. »Bete und wachse – und ich werde ›die Schleusen des Himmels öffnen und Segen im Übermaß auf euch herabschütten‹« (Mal 3,10).

Wahrscheinlich kann keiner von uns nachvollziehen, wie gerne Gott diesen unerträglichen Zustand verändern, diese unberührbare

Person berühren, diesen unverrückbaren Berg in unserem Leben versetzen möchte. Wir sind ihm wichtig und er möchte unseren Nöten begegnen und unsere Bitten gewähren, wenn wir ihm den Raum dazu geben. Wenn unsere Bitte stimmt, wenn der Zeitpunkt stimmt und wenn es nicht an der Person liegt, sagt Gott: »In Ordnung!«

Nichts motiviert Leute mehr, in ihrem Gebetsleben zu wachsen, als erhörte Gebete. Und wenn die Gebetshindernisse erst einmal in Angriff genommen und dann aus der Welt geschafft sind, steht Gott der Weg offen, ein Gebet nach dem anderen zu erhören.

Kapitel 10

Wenn das Gebetsleben abkühlt

Vor ein paar Monaten sprach ich mit einigen beschämten Christen. Sie hatten ein gutes Gebetsleben gehabt, erzählten sie mir, doch die Dinge hatten sich geändert. Sie beteten nicht mehr so, wie sie es früher getan hatten, und sie schämten sich deswegen. Ein Mann beschrieb es folgendermaßen:

»Als ich ein frisch bekehrter Christ war, war der Gedanke, mit dem Gott des Universums reden zu können, der Gedanke, dass Gott mir zuhört, sich um mich kümmert, auf meine Sorgen und Bitten antwortet, so überwältigend, dass ich es kaum fassen konnte.

Als ich begriffen hatte, dass das wirklich möglich war, begann ich, den ganzen Tag über zu beten. Ich betete, wenn ich aufstand. Ich betete am Frühstückstisch. Ich betete im Auto auf dem Weg zur Arbeit. Ich betete an meinem Schreibtisch, mit Freunden am Telefon, beim Mittagessen, mit meiner Familie am Abendbrottisch, mit meinen Kindern, wenn ich sie ins Bett brachte. Ich betete mit meiner Kleingruppe. Ich liebte es, wenn wir in der Kirche gemeinsam beteten.

Ich habe einfach die ganze Zeit gebetet und es hat mir so viel Freude gemacht. Gott beantwortete meine Gebete. Mein Leben veränderte sich. Das Leben anderer Menschen veränderte sich. Es war wunderbar.«

»Was ist passiert?«, fragte ich.

»Ich weiß es einfach nicht«, sagte der Mann. »Ich weiß es ehrlich nicht. Das Ganze hat sich einfach abgekühlt.« Eine große Traurigkeit lag in seiner Stimme. »Ich bete inzwischen kaum noch.«

Zeit der Dürre

Ich wusste sehr genau, was diese Leute durchmachten. »Fast jeder Christ hat zu irgendeinem Zeitpunkt genau das erlebt, was Sie mir beschreiben«, sagte ich zu ihm. »Ich weiß jedenfalls, dass *ich* es erlebt habe.«

Wenn ich rückblickend die Jahre meines geistlichen Lebens betrachte, sehe ich Zeiten, in denen ich oft und eifrig gebetet habe. Ich war von Freude und dem Erleben von Gottes Segen erfüllt. Übernatürliche Dinge geschahen in meinem Leben und im Leben von Menschen, für die ich betete.

Und dann, aus wer weiß welchen Gründen, begann mein Gebetsleben einzuschlafen, bis ich es beinahe ganz aufgegeben hatte. Ich betete noch immer vor dem Essen und natürlich in meinen kirchlichen Funktionen, aber nicht viel häufiger. Gebet erschien mir trocken, öde und sinnlos. Eine solche Zeit der gebetsmäßigen Dürre konnte Wochen oder sogar Monate anhalten.

Und dann kam Gottes Macht wieder in mein Leben geflutet, genau wie vorher. Wieder erfreute ich mich daran, in Gottes Gegenwart zu treten. Wieder begann ich, häufig zu beten und Antworten zu bekommen. Bis der Schwund wieder einsetzte, genau wie vorher.

Was verursacht diese Aufs und Abs in unserem Gebetsleben? Weshalb verlieren wir das Interesse am Gebet? Warum hören wir auf zu beten?

Ein Grund dafür, dass wir unser Gebetsleben einschlafen lassen, ist, dass es uns zu gut geht. Das ist die menschliche Natur.

Wenn der Sturm heult und die Wellen über uns zusammenschlagen, betet jeder an Bord wie verrückt. Wenn der gefürchtete Telefonanruf mitten in der Nacht kommt und der Arzt sagt, dass es nicht gut aussieht, oder wenn Ihr Ehepartner findet, dass jemand anders sehr attraktiv ist, dann ist Gebet so etwas wie unsere zweite Natur. In schwierigen Situationen wie diesen betet fast jeder – inbrünstig, wiederholt, hoffnungsvoll und sogar verzweifelt.

Und dann zieht der Sturm vorbei, die Wellen glätten sich und Gott hat sich wieder einmal als treu erwiesen – ein großer Teil unserer Motivation zum Beten legt sich und die große Gebetsebbe beginnt von neuem.

Gott vergessen

Verständlicherweise berührt das das Herz Gottes. Er ist nicht über das Gefühl erhaben, von seinen Kindern benutzt zu werden. Besonders wenn wir uns wie Studenten verhalten, die nur zu Hause anrufen, wenn sie Geld brauchen.

Ein trauriges Thema zieht sich durch das Alte Testament: Gott segnet seine Kinder und sie vergessen ihn. Er segnet sie wieder und sie vergessen ihn wieder. Sie geraten in große Schwierigkeiten und bitten ihn um Hilfe und Gott rettet sie. Und doch vergessen sie ihn danach wieder.

Lesen Sie zum Beispiel die traurige Litanei in Psalm 78. Obwohl Gott Israel das Gesetz gegeben hatte, das Rote Meer teilte, so dass sie hindurchgehen konnten, sie durch die Wüste geführt, ihnen auf wunderbare Weise Essen und Wasser geschickt und ihre Feinde zurückgeschlagen hatte, steht dort: »Immer wieder stellten sie ihn auf die Probe, sie reizten den heiligen Gott Israels. Sie dachten nicht mehr an seine mächtige Hand« (Ps 78,41–42). Oder in Psalm 106:

> »Unsre Väter in Ägypten begriffen deine Wunder nicht, dachten nicht an deine reiche Huld und trotzten dem Höchsten am Schilfmeer. Er aber hat sie gerettet, um seinen Namen zu ehren und seine Macht zu bekunden. Er bedrohte das Schilfmeer, da wurde es trocken; wie durch eine Steppe führte er sie durch die Fluten. Er rettete sie aus der Hand derer, die sie haßten, erlöste sie aus der Gewalt des Feindes. Ihre Bedränger bedeckte das Wasser, nicht einer von ihnen blieb übrig. Nun glaubten sie Gottes Worten und sangen laut seinen Lobpreis. Doch sie vergaßen schnell seine Taten und wollten auf seinen Ratschluß nicht warten« (Verse 7–13).

Traurig sagt der Psalmist: »Wir haben zusammen mit unsern Vätern gesündigt, wir haben Unrecht getan und gefrevelt« (Vers 6).

Wir wollen Gott nicht vergessen. Wir wollen, dass unser Gebetsleben konstant ist. Wie können wir uns Gottes Güte stets bewusst machen? Wie können wir daran denken zu beten?

Ein täglicher Rhythmus

Wir können uns ans Beten genauso erinnern, wie wir uns andere Dinge in Erinnerung rufen, die uns wichtig sind – wir sollten das Gebet in unsere Tagespläne eintragen. Wie wir schon in Kapitel 5 festgehalten haben, ging Jesus einfach davon aus, dass seine Nachfolger sich Zeit für das Gebet nehmen würden. Wenn wir merken, dass wir immer seltener und immer seltener beten, könnte das daran liegen, dass wir das Gebet nie zum festen Bestandteil unserer täglichen Routine gemacht haben.

Manche Leute beten, noch bevor sie am Morgen die Bettdecke zur Seite schieben. Andere beten beim Kaffee, Mittagessen, direkt nach der Arbeit oder dem Abendessen oder vor dem Zubettgehen. Es spielt keine Rolle, welche Zeit des Tages wir für das Gebet auswählen, solange wir sie treu einhalten. Gebet muss zu einem Teil unseres täglichen Lebensrhythmus werden.

Wählen Sie eine Zeit aus, in der Sie normalerweise selten gestört werden, in der Sie die Welt aussperren und sich ganz auf Gott einstellen können. Und suchen Sie sich einen Ort, der Ihre Zuflucht sein wird, Ihr Allerheiligstes, in dem Sie in Gottes Gegenwart treten.

Menschen, die inständig und voller Freude beten, können normalerweise die Umgebung recht gut beschreiben, in der sie täglich beten. Ich kenne einen Mann, der an fünf Tagen in der Woche auf der Zugfahrt zur Arbeit betet – vierzig Minuten hin und vierzig zurück. Er sagt, dass sein Sitz im Zug für ihn ein heiliger Ort ist.

Einer meiner Bekannten betet jeden Morgen beim Frühstück in einer abgeschiedenen Ecke im Restaurant, bevor er zur Arbeit geht; ich kenne einen anderen, der dabei gern vor der Schiebetür zum Garten sitzt und hinausblickt, und eine Frau, die ihre Gebete in ihren PC zu Hause eintippt. Jeder Ort kann eine Gebetsstätte werden. Was wichtig ist, wenn wir uns ans Beten erinnern wollen, ist einen festen Ort und eine feste Zeit für unsere Begegnungen mit Gott einzurichten.

Altmodische Sünde

Doch für viele von uns ist das Problem mit dem Beten nicht nur eine Sache von Zeit und Ort. Vielleicht haben wir schon eine Gebetsstätte und wir sind oft und gern dorthin gekommen. Aber irgendwie ist uns jetzt nicht mehr danach zu Mute. Wir sind nicht länger begierig darauf zu beten.

Wenn das Ihre Gefühle beschreibt, dann leiden Sie vielleicht unter Scham- oder Schuldgefühlen. Etwas, das Sie getan haben – oder noch tun –, steht zwischen Ihnen und Gott.

Manchmal, wenn ich zusammen mit einer Person herauszufinden versuche, warum sie oder er nicht mehr betet, frage ich: »Lassen Sie uns das zurückverfolgen. Erinnern Sie sich noch, wann Sie begonnen haben, so zu fühlen? Was ist in Ihrem Leben zu dieser Zeit passiert?«

Menschen, die sich ihrer selbst bewusst und ehrlich sind, sagen dann oft etwas wie: »Wissen Sie, damals habe ich ganz schön auf den Putz gehauen, habe unheimlich viel unternommen und bin irgendwie ein bisschen aus dem Ruder gelaufen.«

Andere sagen: »Es war, als es im Job wirklich hart zur Sache ging und ich mit Neid zu kämpfen hatte. Geld zu machen wurde die treibende Kraft in meinem Leben.«

»Ich glaube, es war, als ich die Therapie gemacht habe. Zuerst hat es mir geholfen. Aber dann habe ich mich total in mich selbst verstrickt, statt meine Probleme anzugehen, und ehe ich mich versah, war ich der Mittelpunkt des Universums für mich geworden. Ich habe Gott zur Seite geschoben.«

»Das muss damals gewesen sein, als ich mit meinem Freund zusammengezogen bin.«

Ich muss diesen Menschen dann sagen, dass – unabhängig von den Feinheiten – die schlichte, altmodische Sünde bei weitem stark genug ist, um eine riesige, ständig wachsende Kluft in unsere Beziehung zu Gott zu reißen. Und je weiter diese Kluft ist, desto unwahrscheinlicher wird es, dass wir beten. Und je weniger wir beten, desto weiter wird die Kluft.

Gottes Namen verachten

Ich erinnere mich noch lebhaft an eine Zeit, in der ich ziemlich über die Stränge geschlagen habe. Mir war bewusst, dass ich sündigte, aber trotzdem wunderte ich mich, dass meine allmorgendlichen Gebetszeiten im Büro so kalt und mechanisch waren. Ich hatte meine regelmäßigen Gebetszeiten und meine Gebetsstätte; ich wollte nur einfach nicht in ein tiefer gehendes Gespräch mit Gott kommen.

Dann las ich Gottes Worte im Buch Maleachi: »Wenn ich der Herr bin – wo bleibt dann die Furcht vor mir?, spricht der Herr der Heere zu euch, ihr Priester, die ihr meinen Namen verachtet. Doch ihr sagt: Wodurch verachten wir denn deinen Namen?« (Mal 1,6).

Auf viele verschiedene Arten, sagt Gott durch Maleachi. Lassen Sie mich ein paar davon aufzählen.

»Ihr habt Gott verachtet«: Entgegen Gottes klarer Vorschrift, nur die besten Tiere als Opfergabe zu verwenden, brachten die Israeliten ihre Spitzentiere auf den Markt, wo sie gutes Geld mit ihnen verdienen konnten. Dann nahmen sie die wertlosen Tiere – blinde, lahme, sterbende – und brachten sie zum Altar Gottes (Mal 1,7–8).

»Ihr habt die Armen verachtet«: Man bezahlte absurd niedrige Löhne, machte das Überleben für ledige Mütter praktisch unmöglich und behandelte illegale Einwanderer ungerecht (Mal 3,5)

»Ihr habt eure Familien verachtet«: Scheidung war zu dieser Zeit scheinbar weit verbreitet. »Außerdem bedeckt ihr den Altar des Herrn mit Tränen, ihr weint und klagt, weil er sich eurem Opfer nicht mehr zuwendet und es nicht mehr gnädig annimmt aus eurer Hand. Und wenn ihr fragt: Warum?: Weil der Herr Zeuge war zwischen dir und der Frau deiner Jugend, an der du treulos handelst, obwohl sie deine Gefährtin ist, die Frau, mit der du einen Bund geschlossen hast« (Mal 2,13–14).

Durch Maleachi ruft Gott: »Nachdem ihr mich, die Unterdrückten und sogar eure eigenen Familien verachtet habt, besitzt ihr die Frechheit, mich um meinen Segen zu bitten? Ihr sündigt offen gegen mich und habt dann noch den Mut, mich um einen Gefallen zu bitten? Ihr rebelliert gegen mich und erwartet dann, dass mir euer Ungehorsam nichts ausmacht? Tut mir Leid, aber es macht mir sehr viel aus. Eure Sünde bricht mir das Herz. Es fühlt sich an wie Verrat.«

Wenn wir uns nicht immer wieder in allem Gott unterordnen, verlieren wir jedes Gefühl der Wärme und Nähe zu ihm. Wir mögen nostalgische Gefühle für die Zeiten intensiven Gebets hegen, die wir einmal hatten, aber wir haben eine Sündenbarriere errichtet, die erst eingerissen werden muss, bevor wir wieder eine liebevolle Beziehung mit unserem Vater genießen können. Wir können keine tiefe, andauernde Gemeinschaft mit Gott haben, wenn wir ihm nicht gehorchen – ganz und gar.

Die Barriere einreißen

Das Faszinierende ist, dass Gott selbst die Barriere einreißen will, die zwischen ihm und uns entstanden ist.

Die Bibel sagt uns, dass der Gott, gegen den wir gesündigt haben und gegen den wir die Faust geschüttelt haben, seine Arme nach uns ausstreckt und sagt: »Komm zurück. Du willst doch eigentlich gar nicht so ein Leben führen, oder? Du willst nicht da hin, wo dieser Weg dich hinführt. Gib deine Fehler und deine Vergehen zu. Sag mir, dass du es satt hast. Stimme mir zu, dass du auf dem falschen Dampfer bist. Komm wieder zurück und wir werden wieder ganz nah beieinander sein. Deine Gebete werden wieder reich und echt werden und wir werden wieder zusammen gehen.«

»Kommt her, wir wollen sehen, wer von uns recht hat, spricht der Herr. Wären eure Sünden auch rot wie Scharlach, sie sollen weiß werden wie Schnee. Wären sie rot wie Purpur, sie sollen weiß werden wie Wolle« (Jes 1,18).

Die gute Nachricht ist, dass Sie zurück in die Gemeinschaft mit Gott kommen können – gleich jetzt. Sie können ein Gebet der Reue sprechen, etwa so: »Gott, es tut mir Leid , dass ich ...... Bitte vergib mir. Ich möchte mich von dieser Sache abwenden und ich möchte die enge Beziehung mit dir wieder aufbauen.«

Wenn Sie so beten, wird Gott Sie wiederherstellen. Danach werden Sie ganz anders beten können. Sie sind wieder auf dem richtigen Weg.

Ist Gott taub?

Vielleicht haben Sie dem Gebet in Ihrem Tagesablauf einen festen Platz eingeräumt und Sie sind sich keiner Sünde bewusst, die zwischen Ihnen und Gott stehen könnte. Trotzdem merken Sie, wie Sie von ihm wegdriften. Sie sind nahe daran, das Beten ganz aufzugeben, weil Sie entmutigt sind. Desillusioniert. Vielleicht sogar verzweifelt.

Sie haben inbrünstig dafür gebetet, dass Ihr Vater die Operation übersteht – doch er ist gestorben.

Sie haben dafür gebetet, dass Ihr Sohn und Ihre Schwiegertochter sich wieder versöhnen und nicht die Scheidung einreichen – doch sie tun es trotzdem.

Sie haben gebetet, dass Ihre Firma der Konkurrenz standhalten kann – doch sie konnte es nicht.

Sie wissen, dass Sie Ihre Sünden bekannt haben und versuchen, ein ethisch gutes Leben zu führen. Ihre Bitten sind nicht selbstsüchtig. Und jetzt, wo Ihr Vater tot ist, Ihr Sohn geschieden und Ihre Firma bankrott, kann Gott Ihnen eigentlich auch nicht sagen wollen, dass Sie noch warten sollen. Dazu ist es zu spät.

Anscheinend bringt Beten einfach nichts. Warum also weiter Zeit damit verschwenden? Wenn Gott nicht zuhört, sich nicht für Sie interessiert oder einfach nicht die Macht hat, Dinge zu verändern, warum überhaupt beten? Sie stellen sich wohl besser der Realität und hören auf, sich etwas vorzumachen.

Wenn Sie jemals eine grausame Enttäuschung erlebt haben, bei der Beten nichts geholfen hat, und wenn Sie ein ehrlicher Nachfolger Jesu sind, dann haben Sie sich diese Fragen auch schon gestellt. Und ich habe keine gebrauchsfertige Antwort für Sie. Manche Dinge werden diesseits der Ewigkeit nicht geklärt werden. »[...] denn als Glaubende gehen wir unseren Weg, nicht als Schauende«, schreibt Paulus (2 Kor 5,7).

Aber ich kann Ihnen mitteilen, was Jesus zu seinen Jüngern gesagt hat, als sie entmutigt waren: »Jesus sagte ihnen durch ein Gleichnis, daß sie allezeit beten und darin nicht nachlassen sollten«, berichtet Lukas. Dann erzählt er ihnen ein Gleichnis, um seine Aussage zu illustrieren, und fragt im Anschluss daran: »Sollte Gott seinen Auserwählten, die Tag und Nacht zu ihm schreien, nicht zu ihrem Recht verhelfen, sondern zögern? Ich sage euch: Er wird ihnen unverzüglich ihr Recht verschaffen« (Lk 18,1.7–8).

»Ich bitte euch«, sagte Jesus, »nicht den Mut zu verlieren. Haltet fest am Gebet. Der Vater hört euch zu. Er interessiert sich zutiefst für alles, was euch betrifft. Er hat unbegrenzte Kraft, die er uns verleihen kann, damit wir das ertragen, was uns belastet. Es stimmt, er beantwortet nicht jedes Gebet so, wie wir fehlerhaften Menschen es uns wünschen würden. Aber er möchte, dass wir durchhalten. Er liebt unsere Gesellschaft und er ist begierig darauf zu tun, was das Beste für uns ist.«

»Ich habe am Gebet festgehalten«

Vor einigen Jahren hatten wir eine Taufe, bei der viele Menschen ihre Entscheidung, Jesus nachzufolgen, öffentlich bekannten. Ich dachte, mein Herz würde vor Freude zerspringen. Nachher rannte ich im Treppenhaus eine Frau über den Haufen, die in Tränen aufgelöst war. Ich konnte mir gar nicht vorstellen, wie jemand nach einem solchen Fest weinen konnte, und so fragte ich sie, was los sei.

»Ach«, sagte sie, »es ist so schwierig. Meine Mutter hat sich heute taufen lassen.«

Und was ist daran so schlimm?, dachte ich.

»Seit zwanzig Jahren bete ich jeden Tag für sie«, erzählte die Frau weiter und begann, wieder zu schluchzen.

»Sie werden mir helfen müssen, damit ich Sie verstehe«, meinte ich ratlos.

»Ich weine«, gab sie zurück, »weil ich so nah – so nah! – dran war, sie aufzugeben! Ich meine, nach fünf Jahren dachte ich: Was soll das? Gott hört nicht auf mich. Nach zehn Jahren dachte ich: Warum tue ich mir das eigentlich noch an? Und nach fünfzehn Jahren war ich sicher, ein Idiot zu sein. Aber irgendwie habe ich trotzdem weiter für sie gebetet, obwohl mein Glaube mehr als schwach war. Ich habe weiter gebetet und sie hat ihr Leben Jesus anvertraut, und heute wurde sie getauft.« Sie machte eine Pause und sah mir in die Augen. »Ich werde die Kraft des Gebets nie wieder anzweifeln.«

Kapitel 11

Zur Ruhe kommen, um zu beten

Wir haben nun einige wichtige Aspekte des Gebets angeschaut: Gottes freundliche Einladung an uns, zu ihm wie zu einem Vater zu kommen; seine unvorstellbare Macht, mehr zu tun, als wir je im Traum erbitten können; die Einstellung, die nach Jesu Aussage notwendig ist, um zu beten; die Kategorien, die in unseren Gebeten enthalten sein sollen und die Gründe, warum unsere Gebete nicht immer so erhört werden, wie wir es uns wünschen.

Diese Informationen über Gebet sind wichtig, werden uns aber gar nichts nützen, wenn wir niemals lange genug zur Ruhe kommen, um zu beten. Die meisten von uns sind nämlich viel beschäftigter, als es unserer geistlichen Gesundheit gut tut.

Den Motor hochjagen

Wenn wir im Geschäftsleben stehen, wird uns eingetrichtert, dass Zeit Geld ist. Das ist der Grund, warum wir darüber reden, Zeit zu planen, sie effektiv und Gewinn bringend zu nutzen und – als Folge davon – mit Zeitdruck umgehen müssen.

Sich noch mehr aufladen. Früher anfangen. Länger arbeiten. Arbeit mit nach Hause nehmen. Im Zug Diktate aufgeben. Telefongespräche im Auto führen. Auf dem Flughafen mit Laptop arbeiten. Frühstück, Mittagessen und Abendessen nutzbringend planen. Leistung, Leistung, Leistung – das ist der Schlüssel für Aufstieg, für mehr Geld, für Macht.

Wenn ein normaler Automotor 4 000 Umdrehungen in der Minute machen kann, dann kann ein Rennwagenmotor auf 10 000 hochdrehen. Die Philosophie der Geschäftswelt lautet dann dementsprechend auch: »Jag den Motor gleich nach dem Aufstehen am Morgen auf 10 000 Umdrehungen hoch und halte ihn da, bis du am Abend auf die Matte klappst.«

Dieses verschärfte Tempo mitzugehen kann durchaus lohnend sein! Es ist doch aufregend, wenn das Adrenalin ausgestoßen wird und Sie loslegen, wenn Ihr Motor anfängt, schneller und schneller zu rasen. Aber es lässt außerordentlich wenig Zeit für ruhige Momente mit Gott.

Sie müssen nicht im Geschäftsleben stehen, um überlastet zu sein. Frauen mit kleinen Kindern wissen, was es heißt, den ganzen Tag auf 10 000 zu drehen. Fast jede Minute des Tages wird von diesen kleinen Kreaturen in Anspruch genommen, die an Ihren Hosenbeinen zerren, Ihre Wände anmalen, Schmutzspuren auf Ihrem Teppich hinterlassen, Essen auf den Boden werfen und dann noch die Frechheit haben, mitten in der Nacht Theater zu machen.

Das Tempo, das allein erziehende, berufstätige Eltern auf sich nehmen, ist doppelt oder dreifach so hoch wie das eines jeden anderen. Es ist mir unbegreiflich, wie sie den unaufhörlichen Anforderungen eines Arbeitstages gerecht werden können und dann heimgehen, um den noch unaufhörlicheren Forderungen der Kinder gegenüberzustehen, ohne jemals freie Zeit zu haben.

Ich erlebe, dass Pastoren, Älteste und Kirchenvorstände genau dasselbe gnadenlose Tempo gehen wie alle anderen. Nie ein träger Augenblick, nie ein Augenblick des Nachdenkens. Voller Schrecken frage ich mich: *Wo hat die leise, ruhige Stimme Gottes in unserem hektischen Leben noch Platz? Wann erlauben wir ihm, uns zu leiten, zu führen, zu korrigieren und zu bestätigen? Und wenn das nur selten oder nie passiert, wie können wir dann ein wahrhaftes christliches Leben führen?*

Der »echte« Christ

Echtes Christsein besteht nicht darin, die Bibel in- und auswendig zu kennen, sich eine Menge Lehre anzueignen und dann mit Leuten, die alle in dieselbe Richtung marschieren, in Gleichschritt zu fallen. Es ist nicht einfach humanitärer Dienst an Menschen, denen es nicht so gut geht. Es geht darum, einen Weg zu gehen – auf übernatürliche Weise mit einem lebendigen, dynamischen, sich mitteilenden Gott einen Weg zu gehen. Folglich ist der Kern des christlichen Lebens der, Gottes Stimme zu hören und den Mut zu entwickeln, das zu tun, was er uns sagt.

Echte Christen sind Leute, die sich von anderen abheben, auch von anderen Christen, als ob sie einem anderen Rhythmus folgen würden.

Ihr Charakter scheint stärker, ihre Ideen spritziger, ihr Geist weicher, ihr Mut größer, ihre Leiterschaft entschlossener, ihre Interessen weit reichender, ihr Erbarmen echter, ihre Überzeugungen klarer. Sie sind trotz schwieriger Umstände freudig und zeigen Weisheit, die über ihr Alter hinausgeht.

Echte Christen stecken voller Überraschungen. Wenn man denkt, man hat sie schön in eine Schublade gesteckt, erweisen sie sich als nicht vorhersagbar. Wenn man mit ihnen zusammen ist, fühlt man sich immer ein klein wenig aus dem Gleichgewicht gebracht, da man nicht weiß, was einen als Nächstes erwartet. Mit der Zeit merkt man aber, dass man ihren unerwarteten Ideen und Handlungen vertrauen kann.

Das kommt daher, weil echte Christen eine tiefe Beziehung zu Gott haben – eine Beziehung, die jeden Tag erneuert wird. Der Psalmist beschreibt dies anhand des gottesfürchtigen Menschen, der »Freude hat an der Weisung des Herrn, über seine Weisung nachsinnt bei Tag und bei Nacht. Er ist wie ein Baum, der an Wasserbächen gepflanzt ist, der zur rechten Zeit seine Frucht bringt und dessen Blätter nicht welken« (Ps 1,2–3).

Es ist peinlich, wie wenige Christen jemals diesen Grad an Mündigkeit erreichen. Die meisten Menschen sind einfach zu beschäftigt. Und der Erzfeind reifen geistlichen Lebens ist Geschäftigkeit, was eng mit etwas zusammenhängt, das die Bibel »weltlichen Sinn« nennt – sich von den Plänen, Zielen und Aktivitäten dieser Gesellschaft so vereinnahmen zu lassen, dass man die Zeit mit Gott vernachlässigt.

Wie man es auch dreht und wendet, ein Schlüsselbestandteil echten Christseins ist Zeit. Nicht übrig gebliebene Zeit, nicht hinausgeworfene Zeit, sondern erstklassige Zeit. Zeit für Betrachtung, für Meditation und zum Nachdenken. Zeit ohne Hast und ohne Unterbrechungen.

Ein verbindlicher Entschluss, zur Ruhe zu kommen

Eine Ehe, die echt sein soll, erfordert ebenfalls solche Zeit. Viele Ehen sind oberflächlich. Der Mann versinkt total in seiner Arbeit, in der Hoffnung, sein nachlassendes Selbstwertgefühl durch imponierende Leistungen aufrechtzuerhalten. Die Frau wird von den Kindern in Anspruch genommen und geht vielleicht auch zur Arbeit. Und so begegnen sie sich in der Einfahrt, im Flur und vor dem Schrank. Sie schlafen im gleichen Bett und sitzen ab und zu am gleichen Tisch, aber es gibt nicht viel Vertrautheit zwischen ihnen. Sie wohnen zusammen, aber sie geben einander nichts. Sie haben keine lebendige, erfrischende, echte Beziehung zueinander.

Die meisten Paare geben sich damit zufrieden, lediglich miteinander zu wohnen. Wenige mutige Paare aber bestehen darauf, dass sie mehr wollen. Ihnen ist klar, dass es nicht einfach werden wird, aber dennoch entscheiden sie sich, für eine echte Ehe zu leben. Sie wissen, dass es Zeit kosten wird: Sie werden vielleicht Aktivitäten aufgeben müssen, die ihnen wichtig waren. Sie wissen, dass es wohl einige praktische Hilfsmittel erfordert, um den Umschwung herbeizuführen, wie beispielsweise einen Ausgehabend oder Abendspaziergänge; sie werden vielleicht den Fernseher hinauswerfen müssen und nach dem Abendessen am Tisch sitzen bleiben, um miteinander zu reden. Wenn es nötig ist, werfen sie ihre gesamte Zeitplanung um und fangen ganz von vorne an, denn die Resultate sind ihnen das wert.

Manchmal kommen Christen in ihrer Beziehung zu Gott an den gleichen Punkt. Sie stellen fest, dass sie »in den Sorgen, dem Reichtum und den Genüssen des Lebens ersticken« (Lk 8,14) und deshalb nicht mehr wachsen und reifer werden. Ihr Weg mit Jesus vollzieht sich im Schneckentempo oder hat ganz aufgehört.

Wenn Sie an diesen Punkt gekommen sind, werden Sie wohl eines Tages sagen müssen: »Halt! Ich werde mein Christsein nicht mehr einfach weiter abspulen. Ich werde mein Leben als Christ nicht auf Autopilot schalten, nichts sagende Gebete herunterleiern und eine Bibel durchblättern, die mein Leben nicht durchdringen darf. Ich werde keine halben Sachen mehr machen. Ich werde jeden Preis zahlen, den es kostet, mit Jesus Christus zu gehen.«

Christen, die sich dazu entschließen, wissen, dass das Zeit kosten wird. Manche Sachen werden weichen müssen, manche praktischen

Hilfsmittel werden eingesetzt werden müssen, um die Drehzahl von 10 000 auf 5 000 und dann auf 500 zu reduzieren, wo wir dann Frieden mit Gott haben können und wo es möglich ist zu hören, was Gott sagt.

Niemand hat jemals gesagt, ein Leben als Christ sei leicht. Aber gibt es irgendetwas auf dieser Welt, das von größerer oder anhaltenderer Bedeutung ist?

Drehzahlabbau

Ich möchte Ihnen eine praktische, erprobte und sichere Methode des Drehzahlabbaus vorstellen, durch die Sie Ihr Leben ruhiger gestalten können, so dass Sie aufhören, Spielchen zu spielen, und anfangen, wirklich zu leben. Es ist ein Programm in drei Schritten und es funktioniert wirklich.

Als Erstes geht es um ein Hilfsmittel, das in einem Buch über Gebet fehl am Platz erscheinen mag, in Wahrheit aber ein sehr wichtiger erster Schritt ist. Wenn Ihr Leben in viele Richtungen auf einmal jagt, sind Sie nicht fähig zu jenem tiefen, ruhigen Gebet, das für ein christliches Leben wesentlich ist. Anhand dieses Hilfsmittels können Sie lernen, was es heißt, wenn Gott sagt: »Laßt ab und erkennt, daß ich Gott bin« (Ps 46,11).

Der erste Schritt in Richtung Drehzahlabbau bedeutet, ein Tagebuch zu führen – in diesem Fall ein geistliches Tagebuch. Dazu gehört es, Ihre Erfahrungen, Beobachtungen und Überlegungen niederzuschreiben; hinter die Ereignisse des Tages zu schauen, um deren verborgene Bedeutung auszumachen und die Gedanken aufzuzeichnen, die Ihnen so kommen.

Als ich mich zum ersten Mal mit dem Thema »Tagebuch« beschäftigte, hatte ich eine Vorstellung von Leuten im Kopf, die mitten am Tag Stunden um Stunden damit verbrachten, einfach ihren Bewusstseinsstrom auf unendliche Mengen von Papier niederfließen zu lassen. Ich dachte mir: *Jemand, der Zeit hat, so etwas zu machen, ist wohl nicht ganz mein Typ. Wissen die Leute mit ihrer Zeit nichts Besseres anzufangen?*

Aber im Laufe der Jahre merkte ich, dass es mich zu den Büchern vieler verschiedener Leute hinzog – Mystiker, Puritaner, zeitgenössische Autoren, denen der Heilige Geist große Einsicht in die Schrift geschenkt hatte –, die eines gemeinsam zu haben schienen. Die meisten von ihnen führten Tagebuch.

Zudem entdeckte ich etwas bei bestimmten Leuten in meiner Umgebung, deren Dienst und Charakter ich sehr schätzte. Die meisten von ihnen führen nämlich ebenfalls Tagebuch. Und bei diesen Leuten war ich mir sicher, dass sie nicht am helllichten Tag auf Elfenbeintürme kletterten.

Tagebuch praktisch

Dann las ich das Buch von Gordon MacDonald: »Ordne dein Leben« (Projektion J, Asslar). MacDonald regt Tagebuch schreiben an, allerdings mit einem anderen Dreh.

»Geh in einen Laden«, schreibt er, »und kaufe ein Notizbuch. Nimm dir vor, jeden Tag in dieses Notizbuch zu schreiben, aber beschränke dich auf eine Seite. Schreibe jeden Tag, wenn du die nächste leere Seite aufschlägst, als erstes Wort: Gestern. Lass danach einen oder zwei Abschnitte folgen, in denen du in einer Art Nachbesprechung die Ereignisse des gestrigen Tages Revue passieren lässt.

Schreibe auf, was immer dir einfällt – vielleicht eine kleine Darstellung der Leute, mit denen du zu tun hattest, deine Termine, Entscheidungen, Gedanken, Gefühle, Höhepunkte, Tiefpunkte, Enttäuschungen, was du in deiner Bibel gelesen hast oder was du tun wolltest und nicht getan hast.«

Laut MacDonald ist das eine Übung, die im geistlichen Wachstum einen gewaltigen Schritt nach vorn bewirkt.

Seine Methode schreckte mich nicht total ab, aber ich war auch skeptisch. *Ach, komm*, dachte ich, *was kann diese Übung denn schon nützen?*

Die meisten von uns, so der Autor, überprüfen ihr Leben nie. Wir machen Tag für Tag dieselben Fehler. Wir lernen nicht viel aus unseren Entscheidungen, weder aus den guten noch aus den schlechten. Wir wissen nicht, warum wir da sind und wohin wir gehen. Ein positiver Effekt des bewussten Tagebuchschreibens ist der, dass es uns zwingt, unser Leben zu überprüfen.

Ein noch größerer Gewinn, meint er, sei folgender: Der bloße Akt, sich hinzusetzen, das Notizbuch zur Hand zu nehmen, unsere Gedanken auf unser Leben zu konzentrieren und fünf oder zehn Minuten zu schreiben, wird unsere Drehzahl von 10 000 auf 5 000 halbieren.

Das ist genau das, was ich brauche, dachte ich. Ich bin morgens nämlich immer voller Tatendrang. Ich kann es nicht erwarten, ins Büro zu kommen und mit der Arbeit anzufangen. Und wenn das Adrenalin erst einmal fließt, das Telefon klingelt und die Leute kommen, kann ich problemlos auf 10 000 bleiben, bis ich abends zusammenklappe. Also beschloss ich, ein Tagebuch anzufangen. Was hatte ich zu verlieren?

Mein erster Tagebucheintrag lautete folgendermaßen: »Gestern noch habe ich gesagt, dass ich das Konzept des Tagebuchführens hasse, und ich hatte große Vorbehalte gegen jeden, der Zeit dazu hat. Und ich habe sie immer noch. Aber wenn es das ist, was nötig ist, um mich zur Ruhe zu bringen, damit ich lernen kann, so mit Christus zu reden und voranzugehen, wie ich sollte, werde ich eben Tagebuch führen.«

Und ich tue es. Jeden Tag! Ich glaube nicht, dass ich jemals irgendetwas Tiefgründiges in mein Tagebuch geschrieben habe, aber das ist nicht der Punkt. Verblüffend ist, was mit meiner Drehzahl passiert, wenn ich schreibe. Wenn ich mit einem Abschnitt über den gestrigen Tag fertig bin, ist mein Kopf frei von meinen Verpflichtungen, ich bin auf das eingestellt, was ich tue und denke, und mein Motor ist schon zur Hälfte heruntergedreht.

Eine Seite Gebet

Tagebuch zu führen ist also der wichtige erste Schritt, um ruhig zum Gebet zu werden. Es gibt dem Körper eine kurze Ruhepause. Die Gedanken können sich sammeln. Dem Geist wird Raum gegeben zu wirken, auch wenn es nur einige Minuten sind. Aber auch wenn Tagebuchführen Ihre Lebensqualität vielleicht ganz enorm steigert, wird Sie nicht dieses Mittel an sich zu einem echten Christen machen. Es ist nur ein Schritt in die richtige Richtung.

Nachdem Sie nun also ein Notizbuch gekauft haben, die erste Seite gefüllt und Ihre Drehzahl auf die Hälfte reduziert haben, was ist dann der nächste Schritt? Ihr Motor rast nämlich immer noch mit einer Umdrehungszahl, die bei einem Auto verheerende Folgen haben würde.

Der zweite Schritt im Drehzahlabbauprogramm ist etwas, das Sie bereits kennen und vielleicht sogar schon praktizieren. Ich habe es bereits beschrieben: Schreiben Sie Ihre Gebete nieder.

Manche Leute erzählen mir, dass sie keine regelmäßigen Gebetszeiten einzuplanen brauchen – sie würden so nebenher beten. Ich weiß nicht … Versuchen Sie mal, »so nebenher« eine Ehe zu führen. Auf diese Weise können Sie keine Beziehung aufbauen, mit Gott nicht und mit einem anderen Menschen nicht. Um jemand kennen zu lernen, müssen Sie Zeit mit dieser Person verbringen.

Ich blättere also auf die letzte Seite meines Notizbuches und schreibe ein Gebet nieder. Genau wie beim Tagebuch beschränke ich mich dabei auf eine Seite. Das verhindert, dass die Übung mir zu viel wird, und gewährleistet, dass ich es jeden Tag mache. In Anbetracht meiner anderen täglichen Verpflichtungen ist auch der Zeitaufwand realistisch.

Sobald ich das Gebet niedergeschrieben habe, gehe ich ins Gebet. Nicht jeder ist so wie ich, aber ich finde, dass ich auf den Knien viel besser beten kann. Ich lese das Gebet laut und füge andere Dinge und Anmerkungen hinzu, während ich es durchgehe.

Ruhig genug, um zu hören

Inzwischen ist meine Drehzahl auf 500 zurückgegangen. Mein Herz ist aufnahmebereit und ich lade Gott ein, durch seinen Geist zu mir zu sprechen. Ich bin ruhig genug, es zu hören, wenn er in einem »sanften, leisen Säuseln« (1 Kön 19,12) sprechen möchte.

Und das ist der dritte Schritt im Drehzahlabbauprogramm: auf Gott hören. Dieser Schritt ist so wichtig, dass ich ihm den Rest des Buches widmen werde. Für den Moment mag es genügen zu sagen, dass diese Augenblicke in Gottes Gegenwart die sind, auf die es wirklich ankommt. Die tiefe, ruhige, enge Gemeinschaft von Gottes Heiligem Geist mit unserem ist die Quelle, aus der echtes Christsein entspringt.

Sie können kein echter Christ werden, wenn Sie sich permanente Aktivität verordnet haben, auch wenn alles, was Sie machen, mit der Gemeinde zu tun hat. Dienste, christliche Konzerte, Wochenendkonferenzen, Ausschusssitzungen der Gemeinde – das alles mag nützlich sein, ist aber nicht die Quelle Ihrer Stärke.

Stärke kommt auch aus der Stille. Entscheidungen, die die gesamte Ausrichtung Ihres Lebens verändern, kommen im Normalfall aus dem Allerheiligsten.

Ich wiederhole, was ich am Anfang dieses Kapitels gesagt habe: Der Erzfeind von echtem geistlichen Leben ist Geschäftigkeit. Es ist Zeit, zur Ruhe zu kommen, nachzudenken und hinzuhören. Diesem außerordentlich wichtigen Thema, nämlich Hinhören lernen, werden wir uns nun zuwenden.

Kapitel 12

Warum wir hinhören sollen

Es ist eine Ehre, mit Gott sprechen zu können. Wir müssen uns nicht der Vermittlung eines Priesters oder eines Heiligen oder sonst irgendeines Helfers bedienen. Wir brauchen keinem vorgeschriebenen Zeremoniell zu folgen. Wir müssen nicht auf einen Termin warten. Überall, zu jeder Zeit und unter allen Umständen können wir »hingehen zum Thron der Gnade, damit wir Erbarmen und Gnade finden und so Hilfe erlangen zur rechten Zeit« (Hebr 4,16).

Ironischerweise verstehen wir Gebet allerdings meist so, dass wir zu Gott sprechen, und wir halten selten inne, um uns zu fragen, ob Gott nicht vielleicht zu uns sprechen möchte. Beim Studium des Gebets und beim Beten selbst habe ich aber gespürt, wie Gott sagte: »Wenn wir eine Beziehung miteinander haben, warum redest dann immer nur du? Lass *mich* auch mal was sagen!«

Gott möchte sprechen

Wie spricht Gott zu uns? Zum einen spricht er durch sein Wort. Wenn wir es lesen und darüber nachdenken, wendet er es auf unser Leben an. Ein vertrauter Vers springt uns genau dann ins Auge, wenn wir ihn brauchen. Er scheint plötzlich neue Bedeutung anzunehmen und genau auf unsere Situation zuzutreffen. Der Vers hat sich nicht verändert; er war schon immer ein Teil von Gottes Wort. Aber der Heilige Geist schenkt ihn uns dann, wenn es uns am meisten hilft.

Eine andere Art, wie Gott zu uns spricht, geschieht durch Menschen. »Ich versorge dich«, sagt er durch einen Nachbarn, der mit einer gefüllten Auflaufform auftaucht, wenn wir keine Zeit zum Kochen oder kein Geld zum Einkaufen hatten. »Ich kümmere mich um dich«, sagt er mit den Armen eines Freundes, der unseren Schmerz versteht und uns trösten möchte. »Ich führe dich«, sagt er durch einen Bruder, der uns den Weg weist, den Gott für uns vorgesehen hat.

Eine dritte Art, wie Gott mit uns spricht, ist durch direkte Führung des Heiligen Geistes. Diese dritte Person der Gottheit ist bereit, willens und fähig, sich uns mitzuteilen. Die Bibel sagt, dass der Geist Gottes die Gläubigen leitet, zurechtweist, bestätigt, tröstet und ihnen Zuversicht schenkt.

Viele Christen erwarten aber gar nicht, dass Gott zu ihnen spricht. So, wie sie sich verhalten, könnte man meinen, dass Jesus vierzig Tage nach der Auferstehung in den Himmel zurückgegangen ist und seither nichts mehr von sich hören ließ. Obwohl diese Haltung verbreitet ist, stimmt sie nicht mit dem überein, wie Gott durch die ganze Schrift hindurch dargestellt wird.

Gott sprach zu Israel

Die Schrift ist voll von Berichten, in denen Gott unmittelbar und persönlich zu seinen Kindern spricht. Gott schritt im Garten Eden »gegen den Tagwind einher« und hielt an, um mit Adam und Eva zu reden (Gen 3,8). Er sprach oft zu Abraham, rief ihn von einem Ort weg, führte ihn an einen anderen und versprach ihm, dass er ihn zu einem großen Volk machen würde. Er sprach zu Mose durch den brennenden Dornbusch, auf dem Gipfel des Sinai und immer, wenn Mose Weisung brauchte, um die Kinder Israels ins Verheißene Land zu führen. Er gab Josua Ratschläge für die Kriegsstrategie, damit die Israeliten die wilden Kanaaniter bezwingen konnten. Er redete mit David darüber, Israel zu regieren, und über seine persönlichen Sünden und Kämpfe. Durch das ganze Alte Testament hindurch sprach Gott und sein Volk hörte seine Worte oder zog es vor, sie zu überhören. Das Gleiche wiederholt sich im Neuen Testament.

Gott sprach zur Urgemeinde

Gott sprach zu Saul, dem Verfolger, durch ein blendendes Licht auf der Straße nach Damaskus. Dann leitete er den Apostel Paulus auf seinen Reisen durch das Römische Reich, auf denen er das Evangelium verkündete. Er sprach zum Apostel Petrus durch eine Vision und sagte ihm, er solle die christliche Gemeinschaft den Heiden öffnen. Er sprach zum Apostel Johannes, als dieser auf einer einsamen Insel war, und offenbarte ihm Gottes Absichten mit der Menschheitsgeschichte. Durch den Heiligen Geist führte er alle Mitglieder der Urgemeinde, wenn sie Leiter auswählten, sich gegenseitig um ihre Nöte kümmerten und das Evangelium von Jesus Christus hintrugen, wo immer sie hingingen.

Und Jesus versprach, dass der Heilige Geist immer bei dem Volk Gottes bleiben würde: »Und ich werde den Vater bitten, und er wird euch einen anderen Beistand geben, der für immer bei euch bleiben soll. Es ist der Geist der Wahrheit [...]. Ich werde euch nicht als Waisen zurücklassen, sondern ich komme wieder zu euch« (Joh 14,16–18).

Es ist unsinnig zu glauben, Gott habe am Ende des ersten Jahrhunderts seine Stimme verloren. Wenn der Kern des Christseins eine persönliche Beziehung zwischen dem allmächtigen Gott und dem einzelnen Menschen ist, dann ist zu erwarten, dass Gott auch heute noch zu Gläubigen spricht. Sie können keine Beziehung aufbauen, wenn nur einer redet. Dazu ist eine regelmäßige, dauerhafte, vertraute Verbindung zwischen zwei Personen notwendig, in der beide sprechen und beide zuhören.

Eine beidseitige Unterhaltung zwischen einem sterblichen menschlichen Wesen und einem unendlichen Gott würde selbstverständlich etwas Übernatürliches sein – aber was ist daran so erstaunlich? Das normale christliche Leben hat eine übernatürliche Dimension. Wie der Apostel Paulus im 2. Brief an die Korinther, Kapitel 5, Vers 7, schreibt: »Als Glaubende gehen wir den Weg, nicht als Schauende.«

Auf das zu hören, was Gott durch seinen Heiligen Geist zu uns spricht, ist nicht nur normal, sondern existenziell christlich. Paulus schrieb: »Ihr aber seid [...] vom Geist bestimmt, da ja der Geist Gottes in euch wohnt. Wer den Geist Christi nicht hat, der gehört nicht zu ihm« (Röm 8,9). Er wies Gläubige an, sie sollten »aus dem Geist leben«, sich »vom Geist leiten« lassen und »dem Geist [...] folgen« (Gal 5).

Wenn jemand sein Leben Jesus Christus anvertraut hat, dann nimmt eben nicht mehr alles seinen gewohnten Gang. Das Leben besteht nun nicht mehr nur aus dem, was man sehen, fühlen oder riechen oder was menschliche Logik nachvollziehen kann. Es beinhaltet ebenfalls, den Weg im Glauben zu gehen, und das heißt, sich dem übernatürlichen Wirken des Heiligen Geistes zu öffnen.

Zwei unstimmige Ansätze

Und trotzdem zögern viele von uns, sich für Gottes Führung zu öffnen.

Manche Leute fallen ins Extrem, wenn es darum geht, auf Gottes Stimme zu hören. Offensichtliche Missdeutung und Missbrauch des Wirkens des Heiligen Geistes haben sie dazu gebracht, die entgegengesetzte Richtung einzuschlagen und das übernatürliche Reden Gottes ganz auszublenden.

Diese Rationalisten denken, dass Eingebungen durch den Heiligen Geist mit der menschlichen Natur und den üblichen Denkgewohnheiten nicht vereinbar sind. Sie sind es gewohnt zu glauben, was sie sehen, ihre Schiffe selbst zu steuern und eingleisige Entscheidungen zu treffen, und deshalb sind sie übervorsichtig, wenn es darum geht, den Heiligen Geist in ihrem Leben auf übernatürliche Weise wirken zu lassen. Sie hätten alles gern ein bisschen klarer. Sie hätten es gern, wenn man sein Wirken messen und beschreiben könnte. Der Heilige Geist scheint schwer erfassbar und geheimnisvoll zu sein, und das kostet sie Nerven.

Wenn sie also einen Eindruck haben, der vom Heiligen Geist sein könnte, dann geben sie dem nicht nach. Sie untersuchen ihn genau und beschließen dann: »Das ist nicht logisch; deshalb werde ich ihm keine Beachtung schenken.« Sie ziehen die Führung, die Zurechtweisungen und die Trostversuche des Heiligen Geistes in Zweifel.

Wieder andere *möchten* dem Heiligen Geist gehorsam sein, aber sind sich einfach nicht sicher, woher sie wissen sollen, wann er tatsächlich gesprochen hat. Hören sie ihre eigenen Wünsche oder Gottes leise Stimme? Sie wollen nichts falsch machen – und lassen es deshalb gleich ganz sein.

All diese Reaktionen sind verständlich. Auch ich habe oft so reagiert. Die Folgen davon, sich übernatürlicher Führung grundsätzlich zu versperren, sind im Normalfall aber verhängnisvoll. Leute, die sich nicht von Gott führen lassen, müssen feststellen, dass ihre Glaubenserfahrung rein intellektuell, vorhersagbar und langweilig wird … und oft sogar schon der Vergangenheit angehört.

Der Geist und Ihr Los in der Ewigkeit

In einem der folgenden Kapitel werden wir uns anschauen, wie man herausfinden kann, ob ein Eindruck tatsächlich vom Heiligen Geist ist. Dies wird ein wichtiges Kapitel für Heiliger-Geist-Begeisterte sein, denen es in den Augen ihrer rationalistischen Freunde an gesundem Menschenverstand zu fehlen scheint. In diesem Kapitel hier werden wir uns jedoch die andere Seite der Medaille anschauen.

Warum ist es so wichtig, dass Sie sich für die Führung des Heiligen Geistes in Ihrem Leben interessieren?

Erstens, *wie Sie auf Gottes Reden reagieren ist maßgebend dafür, wo Sie die Ewigkeit verbringen.* Wenn Sie mehrere reife Gläubige fragen, wie sie zu einem persönlichen Glauben an Christus gekommen sind, würden Sie wahrscheinlich entdecken, dass sich deren Erfahrungen in den Grundzügen ähneln. Die meisten würden auf den Eindruck verweisen, den ein Christ in ihrem Leben hinterlassen hat. Die meisten würden angeben, dass sie die Botschaft von Jesus Christus gehört haben. Und in fast jedem Fall würden sie ein leises inneres Drängen erwähnen, das sie in die Arme Jesu getrieben hat.

»Als ich hörte, was Jesus Christus für mich getan hat«, sagen sie vielleicht, »da fühlte ich etwas, mich hat es innerlich dazu hingezogen, mehr zu erfahren, diesen Weg weiterzugehen, um zu sehen, was an dessen Ende stehen würde. Es war, als ob ich zu Christus hingeführt worden wäre.«

Genau dies bestätigt auch Jesus: »Niemand kann zu mir kommen, wenn nicht der Vater, der mich gesandt hat, ihn zu mir führt« (Joh 6,44). Wer zieht uns zu Christus? Gott, in der Person des Heiligen Geistes, liebt und zieht und drängt und führt Suchende zum Kreuz.

Wenn Sie Christ sind, können Sie sich wahrscheinlich noch daran erinnern, wie Gott Sie zog und Sie so zum Kreuz, wo Sie anerkannten, dass Christus für Ihre Sünden bezahlt hat, und danach zu Buße, Vergebung und neuem Leben führte. Das Wunderbare ist, dass Gott Sie weiterhin zieht, auch nachdem Sie Christ geworden sind!

Der Geist und die Gewissheit

Zweitens, *die Führung durch den Heiligen Geist ist wichtig, da Ihre Sicherheit als Christ zum Teil davon abhängt, wie Sie diese aufneh-*

men und was Sie damit machen. Wenn Sie irgendwann einmal auf einem Flughafen sind, dann beobachten Sie den Unterschied zwischen Passagieren, die Tickets haben, und denen, die noch auf der Warteliste für einen Flug stehen. Die mit den Tickets lesen Zeitung, plaudern mit ihren Mitreisenden oder schlafen. Die, die Stand-by fliegen, hängen am Schalter herum, laufen auf und ab und rauchen, rauchen und laufen auf und ab. Dieser Unterschied wird durch den Faktor Gewissheit verursacht.

Wenn Sie wüssten, dass Sie in fünfzehn Minuten vor dem Gericht des heiligen Gottes stehen müssten, was würden Sie dann tun? Würden Sie rauchen und auf und ab laufen? Würden Sie zu sich sagen: »Ich weiß nicht, was Gott sagen wird – wird es ›Willkommen zu Hause, mein Kind‹ sein oder ›Weg von mir, ich habe dich nie gekannt‹?«

Oder würden Sie auf die Knie fallen und Jesus Christus anbeten? Würden Sie sich sagen: »Ich kann es gar nicht erwarten, denn ich weiß, dass Gott die Tür öffnen und mich hereinbitten wird?« Wieder wird der Unterschied durch den Faktor Gewissheit verursacht.

Was hat das nun mit dem Reden des Heiligen Geistes zu tun? Paulus schreibt in seinem Brief an die Römer: »So bezeugt der Geist selber unserem Geist, daß wir Kinder Gottes sind« (Röm 8,16). Mit anderen Worten, der Heilige Geist flüstert und zieht und stupst und wirkt auf den Geist von Gläubigen ein, und was er sagt, ist Folgendes: »Freu dich! Du hast dein Vertrauen auf Christus gesetzt und nun gehörst du zur Familie. Entspann dich. Die Qualen sind vorbei, du bist auf dem Weg zum Himmel.«

Auf hundert verschiedene Arten und in vielen verschiedenen Formen tröstet und teilt sich der Heilige Geist den Gläubigen mit und überzeugt sie, dass sie sich absolut sicher sein können, dass sie in Gottes Familie aufgenommen sind.

So können Sie leben – ohne Angst vor dem Tod, da der Heilige Geist Ihnen Gewissheit darüber geschenkt hat, wo Sie nach dem Tod sein werden. Gott verspricht seinen Familienmitgliedern diese Art von Sicherheit. Wenn das nicht Ihre Erfahrung ist, wenn Sie sich zu denen zählen, die rauchen und auf und ab laufen, haben Sie Ihr Vertrauen wahrscheinlich noch nicht vollkommen auf Christus gesetzt. Vielleicht versuchen Sie immer noch, Ihr Ticket zum Himmel selbst zu verdienen. Ihre Angst kann Ihr bester Freund sein, wenn sie Sie in Jesu Arme treibt, wo Sie sich sicher sein können, dass Gott Sie liebt.

Der Geist und das Wachstum als Christ

Der dritte Grund, warum Führung für uns wichtig ist, ist der: *Ihr Wachstum als Christ hängt davon ab, wie Sie Gottes Führung annehmen und was Sie damit machen.* Jesus versprach den Menschen: »Wenn aber jener kommt, der Geist der Wahrheit, wird er euch in die ganze Wahrheit führen« (Joh 16,13). Der Heilige Geist wird Sie treiben, Sie ziehen und führen, wenn Sie aufmerksam das Wort Gottes lesen.

Als Gläubige müssen wir natürlich dem gesamten Wort Gottes gehorchen. Aber die Bibel ist ein großes Buch und wir können es nicht auf einmal schlucken. Deshalb gibt Gott uns seine Wahrheit oft Häppchen für Häppchen. So hat er es mit mir gemacht.

Als ich im Alter von sechzehn Jahren Christ wurde, spürte ich, wie der Heilige Geist zu mir sagte: »Du musst die Lehre verstehen: den Unterschied zwischen Gnade und guten Werken als Weg, in den Himmel zu kommen, die Bedeutung von Glauben, das Wesen Gottes, die Person Jesus Christus, das Wirken des Heiligen Geistes.« Also studierte ich, betete ich, redete mit Freunden und nahm an Kursen über Fragen christlicher Lehre teil.

Nach ein paar Jahren veränderte sich der Schwerpunkt. Nun stand Charakterbildung im Mittelpunkt. Ständig schien der Heilige Geist mir zu sagen: »Du musst an Feingefühl und Erbarmen wachsen.« Mir fällt es sehr schwer, freundlich, sanft und weichherzig zu sein; mein Charakter ist von Natur aus anders. Also las und studierte und prägte ich mir Verse wie im Epheser-Brief, Kapitel 4, Vers 32 ein: »Seid gütig zueinander, seid barmherzig, vergebt einander, weil auch Gott euch durch Christus vergeben hat.«

Später dann, nachdem ich geheiratet hatte, durchdrang der Heilige Geist mein Innerstes und sagte: »Du lebst nicht wie ein gottesfürchtiger Ehemann. Du schätzt deine Frau nicht so, wie Christus die Gemeinde geliebt und sich für sie hingegeben hat. Das Wichtigste, was du im Augenblick lernen musst, ist, ein liebevoller Ehemann zu werden.«

In den letzten Jahren hat der Heilige Geist mich gedrängt, das Thema »Gebet« zu studieren – wie wir uns am besten Gott mitteilen können und wie er zu uns spricht. Im nächsten Monat oder im nächsten Jahr wird er meine Aufmerksamkeit wohl auf eine weitere Wahrheit lenken.

Wenn Sie dem Reden des Heiligen Geistes gegenüber feinfühlig bleiben und es auch umsetzen, wenn er Sie leitet, dann können Sie darauf vertrauen, dass er Sie in *die* Wahrheit führt und Ihnen hilft, als Christ zu reifen. Das gibt Ihnen aber nicht das Recht, Teile der Schrift zu ignorieren und zu sagen: »Ach, das ist nicht das, worauf der Heilige Geist in meinem Leben gerade den Schwerpunkt legt.«

Wir müssen uns an das gesamte Wort Gottes halten. Nichtsdestotrotz kann der Heilige Geist den Schwerpunkt zu verschiedenen Zeiten auf verschiedene Bereiche legen.

Der Geist und Leitung

Der vierte Grund, warum Sie auf das Reden des Heiligen Geistes hören müssen, ist der, *dass die Art und Weise, wie Sie Gottes Führung aufnehmen und was Sie damit machen, beträchtliche Auswirkungen auf den Verlauf Ihres Lebens hat.*

Sie sind Gott wichtig. Er hat Sie geschaffen und er weiß, was Sie erfüllen wird. Er weiß, welche Berufung am besten zu Ihren Talenten und Fähigkeiten passt. Er weiß, ob Sie heiraten oder ledig bleiben, und wenn Sie heiraten, weiß er, welcher Ehepartner zu Ihnen passt. Er weiß, in welcher Gemeinde Sie aufblühen können. Und er sagt zu Ihnen: »Ich möchte dein Leben leiten. Ich kenne den Weg, der mich verherrlichen und für dich fruchtbar sein wird, und ich möchte dich auf diesen Weg bringen. Das werde ich in erster Linie tun, indem ich zu dir spreche. Also lass dein Leben ruhig werden und höre auf mich.«

Diesem wichtigen Thema werden wir uns jetzt zuwenden – wie man auf den Heiligen Geist hört und dann sein Sprechen vernimmt.

Wie vernehmen wir Gottes Reden?

Für ein gesundes Christsein ist es unbedingt wichtig, die Stimme des Heiligen Geistes zu hören. Der Geist gibt uns leise Anstöße, bis wir Gottes Heilsangebot annehmen, er gibt uns Sicherheit, dass wir zu Gottes Familie gehören, er spornt uns an zu wachsen und führt uns den Weg, den Gott für uns vorgesehen hat. Aber oft, wenn der Geist versucht, zu unserem Herzen durchzukommen, haben wir gerade anderes zu tun.

Wo müssen wir Dinge verändern, damit wir hören, wenn Gott durch seinen Geist zu uns spricht?

Stille vor Gott

In Psalm 46, Vers 11, heißt es: »Seid stille und erkennet, daß ich Gott bin!« (Lutherbibel 1984).

Trotz seines außerordentlich arbeitsamen Lebens nahm sich Jesus immer die Zeit, vor Gott still zu sein. Menschenmassen folgten ihm, wo immer er hinging. Jeden Tag predigte, lehrte und heilte er. Es war für ihn schwierig, für sich Zeit zum Beten zu finden, und er musste dazu lange vor dem Morgengrauen aufstehen. »In aller Frühe, als es noch dunkel war, stand er auf und ging an einen einsamen Ort, um zu beten« (Mk 1,35).

Zeiten der Stille und Abgeschiedenheit waren für Jesus wichtig. In diesen Zeiten der Zurückgezogenheit schüttete er dem Vater nicht nur sein Herz aus, sondern hörte auch ernsthaft auf ihn. Er brauchte Trost, Führung, Bestätigung und Sicherheit von seinem Vater. Da der Vater ihn fortwährend durch sein Reden leitete, war alles, was er tat, voller Zielbewusstsein. Die Leute um ihn herum sahen seine Überzeugung und seine Sicherheit und staunten, »denn er lehrte sie wie einer, der (göttliche) Vollmacht hatte« (Mk 1,22).

Wenn Jesus der Einzige gewesen wäre, den die Bibel nennt, der sich Zeit nahm, um auf den Herrn zu hören, müssten wir einem schweren Beispiel folgen. Aber er ist nicht der Einzige. König David, der Verfasser vieler Psalmen, »ging hinein und saß vor dem Herrn«. Der Prophet Jesaja hörte im Tempel auf Gott, bevor er einen ungeheuer schwierigen Auftrag von ihm übernahm (Jes 6). Der Apostel Petrus stieg zur Mittagszeit »auf das Dach, um zu beten«, und Gott redete dort mit ihm (Apg 10,9–20). Die Schrift ist voller Berichte über Menschen, die sich Zeit genommen haben, um zu hören, was Gott ihnen zu sagen hatte.

Stärke aus der Zurückgezogenheit

Wir haben Zugang zu Gottes Kraft, wenn wir allein zu ihm kommen, wenn wir lernen, unsere Herzen auf ihn auszurichten und ruhig vor ihm zu sein. Wenn wir beginnen, still vor Gott zu sein, entdecken wir, dass sein Reden klar und unbeeinträchtigt zu uns durchkommt.

Das ist der Grund, warum ich beschlossen habe, jeden einzelnen Morgen eine halbe bis eine ganze Stunde an einem abgeschiedenen Ort mit dem Herrn zu verbringen. Ich tue das nicht, um von Gott Fleißsternchen einzuheimsen. Ich erwarte keine Pluspunkte für meine Gebetsgewohnheiten. Ich tue es, weil ich es müde war, ein Leben zu führen, das von Gott nur wenig durchleuchtet wurde.

Früher habe ich immer versucht, so nebenher zu beten und Gottes Reden zu hören. Mir wurde aber klar, dass die Hektik meines Lebens viel größer war als mein Vermögen, mein Tun zu überprüfen. Es ermüdete mich, andauernd etwas zu tun und fast nie über das nachzudenken, was ich tat. Am Ende eines Tages fragte ich mich, ob meine Arbeit überhaupt irgendeinen Sinn hatte.

Also entwickelte ich meine eigene Methode, vor Gott still zu werden. Es ist die einzige geistliche Übung, die ich je in meinem Leben wirklich durchgehalten habe und an der ich auch festhalten will, da sie mein Leben so viel reicher gemacht hat.

Ich habe einen Teil meiner Methode in Kapitel 11 dargestellt. Zuerst schreibe ich eine Seite in meinem Tagebuch voll. Ich beginne mit gestern und zeichne auf, was Gott in meinem Leben getan hat. Dann schreibe ich meine Gebete anhand der Kategorien Anbetung, Sündenbekenntnis, Dank und Bitten nieder.

Wenn ich das getan habe, ist mein Geist ruhig und aufnahmebereit. Dann schreibe ich ein H für Hören auf ein Stück Papier und kreise es ein. Danach sitze ich ruhig da und sage einfach: »Herr, ich lade dich jetzt ein, durch deinen Heiligen Geist zu mir zu sprechen.«

Die darauf folgenden Augenblicke mit Gott sind das, worauf es wirklich ankommt. Das ist es, wo wahrhaftes Christsein herrührt. Nicht von Gebeten nebenher, nicht von christlichen Konzerten oder Konferenzen, nicht, wenn ich in der Welt herumfliege, um einen Dienst zu tun.

Es ist schwer, ein mündiger Christ zu werden, wenn man sich ständige Aktivität verordnet hat. Kraft kommt aus der Stille, Stärke aus der Zurückgezogenheit. Entscheidungen, die die gesamte Ausrichtung Ihres Lebens verändern, kommen aus dem Allerheiligsten, Ihren Zeiten der Stille vor Gott.

Bitten Sie Gott zu reden

Ich mag die Art, wie ich meinen Geist zur Ruhe bringe und mich darauf vorbereite, Gott sprechen zu hören; bei mir funktioniert sie gut. Aber ich weiß, dass es nicht bei jedem klappen wird. Manche Leute können es nicht ausstehen, überhaupt irgendetwas zu schreiben – am allerwenigsten Tagebücher oder Gebete. Sie reden vielleicht lieber gleich mit Gott. Oder manche kommen »vor sein Antlitz mit Jubel« (Ps 100,2).

Es geht nicht darum, die »richtige« Methode zu verfolgen, sondern darum, etwas zu finden, was bei Ihnen funktioniert. Überlegen Sie sich eine Vorgehensweise, die auf Ihre Person zugeschnitten ist, die Ihre rastlosen Gedanken und Ihren Körper zur Ruhe bringt, Ihr Herz offen macht und es Ihnen ermöglicht, Gottes leise Stimme zu hören. Wenn Sie dann auf Gott ausgerichtet und konzentriert sind, bitten Sie ihn, zu Ihnen zu sprechen.

Ich bitte ihn, mir in bestimmten Bereichen Leitung zu geben. »Herr, was ist der nächste Schritt auf meinem Weg mit dir?«, frage ich.

Wird Gottes Stimme akustisch hörbar sein? Manche Leute sagen, dass sie ihn vernehmbar sprechen hören. Ich habe ihn noch nie gehört. Zu mir spricht er, indem er in meinem Geist wirkt und mir Eindrücke schenkt, die so real sind, dass ich sie gern niederschreibe. In den letzten Tagen habe ich mehr als einmal gespürt, wie Gott zu mir sagte: »Vertrau mir. Ich bin treu. Entspann dich in meiner Liebe!«

Manchmal, wenn ich nach dem nächsten Schritt frage, sagt Gott: »Du musst noch mehr über mein Wesen lernen. Es ist Zeit für etwas mehr Bibelstudium.«

Vor einigen Monaten meinte er: »Du versuchst immer, mir zu gefallen, indem du mehr und mehr für mich arbeitest. Warum genießt du nicht einfach mal das Zusammensein mit mir?« Das war ein ganz neuer Gedanke für mich!

Fragen an Gott

Ich habe einige Fragen, die ich Gott regelmäßig stelle:

- *Was ist der nächste Schritt in meiner Charakterbildung?* Wenn ich diese Frage stelle, höre ich so ziemlich immer von Gott, denn es gibt immer eine Kante in meinem Leben, die er abschleifen möchte.
- *Was ist der nächste Schritt für meine Familie – mit Lynn und den Kindern?* Gott gibt mir auch in diesem Bereich viel Weisung. Meine Frau unterstützt mich in ganz unglaublicher Art und Weise und seit einiger Zeit sagt Gott: »Geh mehr auf sie ein, versuche, ihr genauso von ganzem Herzen zu dienen, wie sie dir dient.«
- *Was ist der nächste Schritt in meinem Dienst?* Ich habe keine Ahnung, wie Leute, die im Dienst stehen, überleben, ohne auf Gott zu hören. Fast alle meine schöpferischen Gedanken für Predigten und Programme und für neue Ausrichtung stammen aus meiner morgendlichen Zeit mit ihm.

Ihren Lebensumständen entsprechend können Sie fragen:

- »Was ist der nächste Schritt in meiner Berufung?«
- »In welche Richtung sollte sich die Beziehung zu meinem Partner bewegen?«
- »Was soll ich für meine Kinder tun?«
- »Wie soll ich mich fortbilden?«
- »Wem soll ich Gutes tun?«

Egal, was Sie den Herrn fragen, Sie werden staunen, dass er Sie immer leitet. Wenn Sie erst einmal ruhig vor ihm sind und darauf warten, ihn zu hören, wird er Ihnen einen Vers in den Sinn bringen und Sie durch Gedanken und seinen Geist leiten. Wenn Sie in Ihrem Leben regelmäßig die Stille suchen, merken Sie sehr bald, wie diese ruhigen Momente in Gottes Gegenwart unglaublich wertvoll für Sie werden.

Gottes Antworten

Nehmen wir an, dass Sie gleich, nachdem Sie dieses Kapitel gelesen haben, das Buch weglegen und Ihren Geist vor Gott zur Ruhe bringen. Sie warten, bis Sie auf ihn ausgerichtet sind, und dann sagen Sie: »Rede, Herr; denn dein Diener hört« (1 Sam 3,9). Was wird Gott Ihnen in der Stille und Abgeschiedenheit wohl sagen?

Zu Leuten, die noch suchen, sagt Gott vielleicht: »Du hast lange genug christliche Bücher gelesen und bist zu christlichen Veranstaltungen gegangen. Jetzt ist es Zeit, dass du ein ›richtiger‹ Christ wirst. Komm zu mir, tu Buße für deine Sünde und fang mit mir eine Beziehung an, die auf Glaube beruht.«

Denen, die schon Christen sind, erklärt er: »Komm zurück zu mir. Du bist umhergestolpert und gestrauchelt. Es war ein langer, trockener Sommer. Lass uns wieder miteinander vertraut werden und tiefe Gemeinschaft haben!«

Anderen, die sich in Zeiten der Prüfung befinden, schenkt er Worte des Trostes: »Ich bin da. Ich kenne deinen Namen und ich kenne deinen Schmerz. Ich werde dir Stärke verleihen, vertrau mir.«

Zu denen, die in Bedrängnis treu waren, sagt er wahrscheinlich: »Ich bin so zufrieden mit dir! Ich freue mich, dass du treu bist, auch wenn das Leben schwierig für dich ist. Mach weiter so!«

Zu wieder anderen sagt er: »Folge meiner Führung und geh ein Risiko ein. Geh diesen neuen Weg. Stelle dich dieser neuen Herausforderung. Brich mit mir zu neuen Horizonten auf.«

Seine Botschaft wird immer den Bedürfnissen der einzelnen Personen entsprechen. Die zentrale Wahrheit aber ist diese: Wir dienen einem Gott, der damals gesprochen hat, der heute immer noch spricht und der jeden Tag zu uns sprechen möchte.

Kein Kommentar

Aber was, wenn keine Botschaft durchkommt?

Manchmal, wenn ich ruhig bin und warte, dass Gott spricht, spüre ich nur vollkommene Stille vom Himmel. Als sei niemand zu Hause. In solchen Zeiten komme ich mir dann ziemlich dämlich vor. Habe ich die falsche Frage gestellt? War es dumm von mir, Antworten zu erwarten? Hat Gott wirklich zugehört?

Ich habe darüber nachgedacht und bin zu dem Schluss gekommen, dass ich deshalb nicht aus der Fassung zu geraten brauche. Gott ist ein lebendiges Wesen, keine Antwortmaschine, und er spricht, wenn er etwas sagen will.

Immer mal wieder frage ich meine Frau: »Gibt es irgendetwas, das du mir erzählen möchtest, wofür wir noch keine Zeit hatten?«

Meine Frage gibt Lynn die Möglichkeit, mir alles zu erzählen, was sie möchte, aber sie wird nicht zum Reden gezwungen. Manchmal sagt sie: »Nein, da gibt es nichts Spezielles.« Und das ist in Ordnung.

Meistens aber will sie mir etwas mitteilen – und genauso ist es mit Gott, wenn ich ihn bitte zu sprechen. In diesen Zeiten des Alleinseins und der Stille fange ich oft deutlich an zu spüren, dass ich mein Leben ein bisschen mehr in diese oder jene Richtung lenken sollte. Oder mir wird klar, dass ich eine Aktivität, deren Zeit vorbei ist, lassen soll.

Manchmal merke ich, dass ich jemand anrufen soll, um ihn zu ermutigen und zu bestätigen. Ein anderes Mal wird mir bewusst, dass ich mich noch bei jemand entschuldigen muss. Oft pflanzt Gott einen schöpferischen Samen in meine Gedanken ein, wie ich ihm dienen kann.

Auf Gottes Stimme geeicht

Ich weiß, dass Gott auch heute noch zu seinem Volk spricht, und ich bin überzeugt, dass es zwei Gründe gibt, warum wir seine Stimme nicht öfter hören.

Der nahe liegendste Grund ist der, dass wir nicht darauf hören. Wir planen keine Zeiten der Stille ein, die Kommunikation erst möglich machen.

Seien Sie ehrlich. Wann schalten Sie den Fernseher, das Radio oder den CD-Spieler aus und hören dann nichts, was lauter ist als das Summen des Kühlschrankes? Wann schalten Sie die Tonspur in Ihrem Kopf aus und kommen los von den Zahlen, Abläufen, Worten und Plänen oder was auch immer es sein mag, das Ihre Gedanken einnimmt? Wann bringen Sie sich zur Ruhe und stellen sich Gott zur Verfügung? Wann laden Sie ihn ausdrücklich ein, zu Ihnen zu reden?

Berücksichtigen Sie Zeiten der Zurückgezogenheit gleich bei Ihrer Tagesplanung? Versuchen Sie es!

Wie bei allem, was Sie neu anfangen, werden Sie sich anfangs unbeholfen vorkommen. Nach und nach wird es immer selbstverständlicher werden und schließlich fühlen Sie sich aus dem Gleichgewicht gebracht, wenn Sie sich nicht jeden Tag Zeit nehmen, um sich zurückzuziehen.

Sind Ihre Ohren auch außerhalb dieser Zeiten, in denen Sie auf Gott hören, auf ihn eingestellt? Ein Freund von mir hat einen Geschäftswagen mit einem Autoradio, einem Kassettenrecorder, einem Telefon und einem Piepser, den er, wenn er im Auto ist, auf sehr geringe Rufstärke eingestellt hat. Oft schon sind wir zusammen gefahren, haben geredet oder eine Kassette angehört, als er dann plötzlich nach unten griff, das Mikrofon aufnahm und sagte: »Ich bin hier, was ist los?«

Bei dem anderen Lärm im Auto höre ich den Piepser nie. Aber er hat sein Ohr darauf geeicht. Er kann ein Gespräch führen oder Musik hören und wird sich immer dessen bewusst sein, dass eventuell ein Ruf über den Piepser kommt.

Es ist möglich, eine ähnliche Hellhörigkeit für die leise Stimme des Heiligen Geistes zu entwickeln. Es ist möglich, den ganzen Tag hindurch, auch wenn Sie Ihrer täglichen Arbeit nachgehen, Gottes sanften Redens gewahr zu werden. Das ist, was sich »vom Geist leiten« lassen bedeutet (Gal 5,16).

Augenblick um Augenblick

Diese spontanen Eindrücke sind aber kein Ersatz für ungehetzte, ruhige Zeit mit Gott. Sie kommen im Normalfall auch nur, wenn ich mir regelmäßig Zeit für Stille und Zurückgezogenheit nehme. Wenn sie aber kommen, ist es wunderbar.

Sie sind im Auto unterwegs, um einen Vertreterbesuch zu machen, und praktisch aus dem Nichts spüren Sie, wie Gott durch seinen Heiligen Geist sagt: »Bist du nicht froh, mein Kind zu sein? Bist du nicht froh, dass du eine Heimat im Himmel hast? Freust du dich nicht, dass ich jetzt bei dir bin? Fühlst du dich nicht sicher und geschützt in meiner Gegenwart?« Wenn Sie in einem solchen Austausch mit Gott stehen, dann scheint sich die ganze Welt um Sie her aufzulösen, Ihr Auto wird zu einem heiligen Ort und Sie und der Herr freuen sich einfach aneinander.

Ich weiß nicht, wie Menschen ohne Augenblicke wie diese leben. Wie kalt ihr Christsein sein muss! Wie warm ist es aber für Leute, die in ihrem Leben den Heiligen Geist haben. Und wie viele Gelegenheiten bieten sich für Leute, die für das leise Reden Gottes offen sind!

Neulich hat mich ein Freund zum Abendessen eingeladen. Ich kam in das Restaurant mit dem Gedanken, dass wir wahrscheinlich nur nett miteinander plaudern würden. Nachdem wir schon halb aufgegessen hatten, fühlte ich eine Unruhe in mir. Der Heilige Geist schien mir zu sagen: »Lass es nicht bei einem oberflächlichen Gespräch bewenden. Versuch, ein bisschen tiefer zu gehen.«

Also schaute ich meinem Freund in die Augen und sagte: »Gibt es etwas in deinem Leben, worüber wir dringender reden sollten als über den Winter in Chicago?«

Das schlug ein! Er breitete sein ganzes Leben vor mir aus. Mauern wurden eingerissen und Masken wurden abgelegt und wir begannen, über die schwer wiegenden Dinge des Lebens zu reden. Gott ließ unsere Herzen an diesem Abend zusammenwachsen. Hätte ich nicht auf den Heiligen Geist gehört, wäre uns diese Erfahrung wohl entgangen.

Hören und gehorchen

Ein anderer Grund, warum wir Gottes Stimme nicht hören, ist der, dass wir nicht die Absicht haben, irgendetwas von dem umzusetzen, was wir hören könnten. Gott spricht, wir hören und nicken und sagen: »Wie interessant!« Aber wir tun nichts. Und wenn wir dem Reden des Heiligen Geistes keine Folge leisten, hat er keinen Grund, weiterhin zu sprechen.

Wenn Gott uns anweist, einer Person zu schreiben oder uns mit jemandem zu verabreden oder soundso viel Geld zu spenden, dies zu tun oder jenes zu lassen, ist es nicht nötig, dass wir den ganzen Sinn dessen verstehen. Manche der wichtigsten Entscheidungen meines Lebens waren aus weltlicher Sicht überhaupt nicht logisch nachvollziehbar. Aber ich habe gelernt, dass ich es mir nicht leisten kann, auf Gottes Reden nicht einzugehen. Wenn Gott Sie anweist, etwas zu tun, dann tun Sie es! Vertrauen Sie ihm! Gehen Sie dieses Risiko ein!

Vor ein paar Wochen rief mich einer der Ältesten meiner Gemeinde an und sagte: »Ich hatte den Eindruck, ich sollte dich anrufen. Bist du in Schwierigkeiten oder so?«

»Nicht, dass ich wüsste«, antwortete ich.

»In Ordnung«, meinte er. »Keine Ahnung, was das zu bedeuten hat. Ich wollte dich einfach anrufen und ermutigen.«

Ich freute mich, dass er anrief, auch wenn keiner von uns genau wusste, warum. Ich habe nie etwas dagegen, ermutigt zu werden, und ich freute mich, dass er dem Heiligen Geist gehorsam war.

Wenn Gott etwas von uns will, brauchen wir es nicht ganz zu verstehen, solange es innerhalb der Grenzen liegt, die die Schrift setzt. Das Einzige, was wir tun müssen, ist gehorsam zu sein und zu vertrauen, dass Gott unseren Gehorsam benutzt, um seinen Willen auszuführen.

Ein anhaltendes Abenteuer

Leute, die dem Heiligen Geist Gelegenheiten geben, zu ihnen zu sprechen, wissen, dass das Leben als Christ ein anhaltendes Abenteuer ist. Es ist spannend und voller Überraschungen, Herausforderungen und Rätsel. Geben Sie Ihre althergebrachte Art des Christseins auf, die Art, die sich vor Gottes Reden verschließt. Sie wird Ihnen nicht dienen.

Öffnen Sie stattdessen Ihre Gedanken und Ihr Herz für Gottes Reden. Sie werden staunen, was er tun wird. Er ist viel großartiger, als Sie sich vorstellen können, und er versucht viel öfter, sich Ihnen mitzuteilen, als Sie ahnen. Sie haben keine Ahnung, wie viel reicher und erfüllter, wie viel spannender und effektiver Ihr Leben sein wird, wenn Sie sich erst einmal dazu entschließen, still zu sein, auf Gottes Reden zu hören und zu gehorchen.

Kapitel 14

Wie wir mit Eindrücken umgehen

Vor einigen Jahren stieg ich nach einer ganz besonders anstrengenden Veranstaltung in mein Auto und fuhr vom Parkplatz der Gemeinde auf die Zufahrtsstraße. Als ich dort losfuhr, sah ich aus meinem Augenwinkel, wie jemand auf den Parkbereich zuging. Im Bruchteil einer Sekunde vernahm ich etwas, das ich für einen Eindruck von Gott hielt – demjenigen, der gerade vorbeigegangen war, in irgendeiner Form Hilfe anzubieten.

Meine erste Reaktion war: *Warum?* Die Person schien im Moment keinerlei Schwierigkeiten zu haben. Meine zweite Reaktion war: *Warum ich?* Ich hatte das Meinige an diesem Tag bereits getan; ich hatte studiert, an einer Predigt gearbeitet, Leute in der Seelsorge gehabt und dann eine Versammlung geleitet. Ich wollte nach Hause.

Also fuhr ich weiter und rationalisierte meinen Ungehorsam gegenüber dem kleinen Eindruck von Gott. Aber der Heilige Geist blieb fest. Als ich bei dem Schild, das die Auffahrt zur Straße anzeigte, angelangt war, war ich in meinem Geist so ruhelos, dass ich sagte: »Das halte ich nicht länger aus. Ungehorsam kostet mich mehr Nerven, als einfach umzudrehen, auch wenn ich müde bin und keine Ahnung habe, warum ich das jetzt tun soll.«

Also fuhr ich die Zufahrtsstraße wieder zurück, hielt neben der Person, die sich immer noch Richtung Süden bewegte, kurbelte mein Fenster herunter und fragte unbeholfen: »Kann ich irgendetwas für Sie tun? Soll ich Sie vielleicht zu Ihrem Auto fahren?« (Unser Parkplatz ist riesig und oft vergessen Leute, wo sie geparkt haben.)

Die Dame, die ich vorher noch nie gesehen hatte, nahm mein Angebot dankbar an. Als sie sich bei mir bedankt hatte und wieder aussteigen wollte, sagte sie: »Heute Abend war im Mitteilungsblatt eine Anzeige, dass im Büro der Gemeinde jemand gebraucht wird, der in der Verwaltung mitarbeitet, und ich glaube, Gott möchte, dass ich mich für diese Stelle bewerbe. Was denken Sie darüber?«

Wir redeten kurz darüber und fuhren dann beide weg. An diesem Abend hatte ich noch keine Ahnung, welche Auswirkungen diese Begegnung auf mein Leben und meinen Dienst haben würde. Es kam dann so, dass die Dame bei uns Mitarbeiterin wurde und nun als Sekretärin für mich tätig ist. Ohne ihre einzigartige Kombination von Fähigkeiten und Begabungen wäre ich nicht im Stande, das zu tun, wozu Gott mich berufen hat. Ich frage mich, was wohl geschehen wäre, wenn ich diesem Eindruck nicht gehorcht hätte.

Einmal nahm ich an einer Konferenz in Südkalifornien teil. Aus irgendeinem unerfindlichen Grund hatte ich mitten an einem der Nachmittage den Eindruck, ich solle an einem Workshop teilnehmen, der mich eigentlich nicht interessierte. Der Workshop fand in einem anderen Gebäude statt und auf dem Weg dorthin traf ich einen jungen Mann und begann ein Gespräch mit ihm.

Ich war von seiner sanften, klugen Art beeindruckt und merkte, dass Gott unsere Herzen vereinte. Über mehrere Monate hinweg schrieben wir uns und besuchten uns dann gegenseitig. Schließlich wurde er Mitarbeiter in unserer Gemeinde und viele Leute halten ihn für den, der im Land die beste Arbeit mit High-School-Schülern tut.

Persönliche Eindrücke

Eindrücke sind etwas äußerst Persönliches. Sie haben sie und ich habe sie, aber wenn wir sie nicht jemandem mitteilen, weiß keiner, dass sie da waren. Ich hätte dem Eindruck, der Frau auf dem Parkplatz zu helfen, genauso gut ungehorsam sein können und keiner hätte es gemerkt. Ich hätte das Gefühl, dass ich in den Workshop gehen sollte, der mich nicht interessierte, ignorieren können und keiner hätte einen Artikel darüber in die Zeitung gesetzt.

Wenn ich diesen Eindrücken keine Beachtung geschenkt hätte, hätte ich nie erfahren, was mir entgangen wäre. Wie hätte ich wissen können, dass die Person auf dem Parkplatz genau die tüchtige Sekretärin war, die ich brauchte, oder dass ich auf meinem Weg zum Workshop auf den idealen Jugendpastor für meine Gemeinde stoßen würde?

Ich könnte eine Geschichte nach der anderen über Eindrücke erzählen, die Gott mir und anderen geschenkt hat. Ich könnte schildern, welche dramatischen Folgen es hat, Gottes Reden zu gehorchen – oder es zu ignorieren. Aber solche Geschichten sind nicht der Punkt. Die eigentliche Frage ist: Was machen Sie mit den Eindrücken, die Sie haben?

Ist es wirklich von Gott?

Wenn ich diese Frage aufwerfe, stellen mir Leute gern eine Gegenfrage. »Ich glaube an Eindrücke«, sagen sie. »Ich bin bereit zu gehorchen. Ich habe es auch schon oft getan. Aber ich weiß, dass in dieser Welt auch andere Geister ihr Unwesen treiben, und die sind alles andere als heilig. Ich weiß ebenfalls, dass ich im Stande bin, meine eigenen Wünsche für den Willen des Heiligen Geistes zu halten. Wie kann ich sicher herausfinden, ob ein Eindruck wirklich von Gott ist?«

Das ist eine berechtigte Frage. Die Bibel warnt uns, dass Satan, der Böse, fähig ist, sowohl selbst Eingebungen für zerstörerische Zwecke zu geben als auch Gottes Führung in Ihrem Leben zu untergraben.

Paulus schrieb an Timotheus: »Der Geist sagt ausdrücklich: In späteren Zeiten werden manche vom Glauben abfallen; sie werden sich betrügerischen Geistern und den Lehren von Dämonen zuwenden« (1 Tim 4,1).

Diese Lügengeister können den Anschein erwecken, Kanäle für Gottes Kraft zu sein. Johannes sprach von »Dämonengeister[n], die Wunderzeichen tun« (Offb 16,14), und Jesus prophezeite, dass »mancher falsche Messias und mancher falsche Prophet [...] große Zeichen und Wunder tun« wird, »um, wenn möglich, auch die Auserwählten irrezuführen« (Mt 24,24).

Es ist nicht einfach, böse Geister von Gottes Dienstgeistern, den Engeln, zu unterscheiden. Wie Paulus sagt: »Satan tarnt sich als Engel des Lichts« (2 Kor 11,14). Deshalb ist es sehr wichtig, den Ursprung der Eindrücke zu kennen, die Ihnen in den Sinn kommen.

Adam und Eva folgten einer Eingebung, durch das Essen einer verführerischen Frucht an Erkenntnis zu wachsen, und sie stürzten die ganze Menschheit in Finsternis und Elend. König David folgte einer Eingebung, sich der schönen Frau eines Kriegers zu nähern, und es kostete ihn seinen besten Heerführer und einen Sohn (2 Sam 11–12).

Wer steckt denn wirklich hinter dem mörderischen Hass, der in Nordirland Protestanten und Katholiken, im Nahen Osten Juden und Araber, in Südafrika Schwarze und Weiße, in Nicaragua Sandinisten und Kontras und am Persischen Golf Iraker und Iraner gegeneinander aufhetzt?

Wer brachte Lee Harvey Oswald dazu, Präsident Kennedy zu erschießen, oder Idi Amin, viele seiner Landsleute in Uganda auszurotten, oder eine Kompanieabteilung amerikanischer GIs, die Frauen und Kinder von My Lai in Vietnam niederzumetzeln?

Wer bringt den Ku-Klux-Klan dazu, mit Steinen und Flaschen auf seine Nachbarn zu werfen, weil deren Haut dunkler ist als seine eigene?

Wer bringt mich dazu, verletzende Dinge zu sagen, anmaßend zu sein, die Wahrheit zu beschönigen? Wer treibt mich, mich mehr um mein eigenes Weiterkommen und meine Erfüllung zu kümmern, als darum, anderen zu dienen?

Krieg unter dem Himmel

Im Epheserbrief, Kapitel 6, Verse 10–18, erinnert Paulus uns daran, dass in dieser Welt Kriegszustand herrscht. »Zieht die Rüstung Gottes an«, schreibt er, »damit ihr den listigen Anschlägen des Teufels widerstehen könnt. Denn wir haben nicht gegen Menschen aus Fleisch und Blut zu kämpfen, sondern gegen die Fürsten und Gewalten, gegen die Beherrscher dieser finsteren Welt, gegen die bösen Geister des himmlischen Bereichs« (Verse 11–12).

Dieser Krieg wird auf dem geistlichen Schlachtfeld geführt. Gott leitet Menschen zu seiner Ehre und zu ihrem Besten und Satan tut alles, was in seiner Macht steht, um Gottes Werk zu vernichten und das, was er im Leben von Menschen tut, zu Grunde zu richten. Wegen dieses geistlichen Kampfes kann es sein, dass auch manche der Gedanken in unseren Köpfen nicht vom Himmel, sondern aus der Hölle stammen.

Es gibt nur zwei Arten, auf Eingebungen des Teufels zu reagieren: Flucht oder Kampf. »Flieh vor den Begierden der Jugend«, riet Paulus dem jugendlichen Timotheus (2 Tim 2,22). »Leistet dem Teufel Widerstand; dann wird er vor euch fliehen«, schrieb Jakobus (Jak 4,7).

Aber wie können Sie sich sicher sein, woher ein einzelner Eindruck denn nun stammt? Im ersten Johannesbrief, Kapitel 4, Vers 1, lesen wir: »Liebe Brüder, traut nicht jedem Geist, sondern prüft die Geister, ob sie aus Gott sind; denn viele falsche Propheten sind in die Welt hinausgezogen.«

Ich werde drei Kriterien vorschlagen, an denen Sie Ihre Eindrücke prüfen können.

Übereinstimmung mit der Bibel

Erstens, *jeder Eindruck, der von Gott kommt, stimmt mit seinem Wort, der Bibel, überein.*

Der sicherste Weg zu prüfen, wo ein Eindruck herkommt, ist der, ihn mit der Bibel zu vergleichen. Wenn ich mit Leuten in meiner Gemeinde rede, erzählt mir fast jeden Monat jemand, dass er von Gott geführt wird, seiner Frau untreu zu sein. Er glaubt, dass er zu der Frau geführt wird, die Gott für ihn ausgesucht hat. Der einzige Weg, wie er Gottes Willen tun kann, erzählt er mir, ist der, Buße für seine Sünde zu tun und sein Leben mit der anderen Frau zu vereinen, die er von vornherein hätte heiraten sollen.

Diese Erklärungen sind oft sehr feinsinnig, aber der Grundgedanke ist immer der gleiche – Leute wollen sich von ihren angetrauten Ehepartnern scheiden lassen, um andere zu heiraten, die attraktiver erscheinen. Das ist keine Führung von Gott; das kann ich unmissverständlich sagen. Hören Sie, was Gott sagt:

> »Freu dich der Frau deiner Jugendtage, […] an ihrer Liebe berausch dich immer wieder. Warum solltest du dich an einer Fremden berauschen?« (Spr 5,18–20).

> »Ihr weint und klagt, weil [der Herr] sich eurem Opfer nicht mehr zuwendet und es nicht mehr gnädig annimmt aus eurer Hand. Und wenn ihr fragt: Warum?: Weil der Herr Zeuge war zwischen dir und der Frau deiner Jugend, an der du treulos handelst, obwohl sie deine Gefährtin ist, die Frau, mit der du einen Bund geschlossen hast […]. Wenn einer seine Frau aus Abneigung verstößt, dann befleckt er sich mit einer Gewalttat, spricht der Herr der Heere« (Mal 2,13–14.16).

Wenn Sie sich geführt fühlen, Ihrem Ehepartner die Treue zu brechen, ist dies niemals ein Eindruck von Gott, genauso wenig wie wenn Sie sich geführt sehen, bei einer Prüfung zu betrügen, vor einem Kunden zu übertreiben, ein schädliches Gerücht zu verbreiten, Ihre Kinder zu täuschen oder sonst irgendetwas zu tun, das die Bibel für falsch erklärt.

Wenn ein Eindruck nicht in Einklang mit der Bibel steht, kommt er offensichtlich nicht von Gott. Schreiben Sie ihn dem Teufel zu und lassen Sie sofort Ihre Finger davon. Das ist für einen Christen der einzige Weg, mit unbiblischen Eindrücken umzugehen.

Übereinstimmung mit den Gaben, die Gott gegeben hat

Andererseits kann es sein, dass ein Eindruck zwar mit Gottes Wort übereinstimmt, aber trotzdem nicht vom Heiligen Geist eingegeben wurde. Zum Beispiel gab es keine Bibelstelle, die Jesus anwies, die Steine nicht in Brot zu verwandeln, als der Teufel ihn dazu drängte. Er hatte Gründe, warum er nicht tat, was Satan gesagt hatte.

Wenn ein Eindruck nicht im Widerspruch zur Schrift steht, ist es Zeit, das zweite Kriterium anzuschauen: *Gottes Führung stimmt im Normalfall mit dem überein, wie er Ihr Wesen angelegt hat.*

Manche Leute scheinen zu glauben, dass Gott jemanden mit bestimmten Gaben erschafft und dann von ihm erwartet, in völlig anderen Bereichen hervorragend zu sein. Ich habe Leute getroffen, die für Mathematik und Computer schwärmen und darin sehr gut sind, aber sie nehmen an, dass Gott sie zu Musik oder Theologie hinführt.

Manche Leute, die die freie Natur lieben und erst dann richtig zum Leben erwachen, wenn sie draußen sind, glauben dennoch, dass Gott sie zu einem Bürojob im fünfunddreißigsten Stockwerk eines Hochhauses hinführt.

Ich habe sogar Leute getroffen, die sich unbehaglich fühlen, wenn sie mit Kindern zusammen sind, und trotzdem denken, dass Gott möchte, dass sie Lehrer werden.

Ich frage diese Leute: »Warum nehmen Sie an, dass Gottes Führung dem widersprechen sollte, wie er Sie gemacht hat? Warum sollte er Sie auf eine Sache hin anlegen und dann verlangen, dass Sie eine andere machen?«

Unser Gott hat Pläne und Absichten. Meisterlich fügt er das Universum zusammen und hält alle Fäden in seiner Hand. Natürlich liebt er es, unsere Fähigkeiten einmal etwas mehr zu beanspruchen und unser Leistungsvermögen zu erweitern, und dazu führt er uns oft Wege, die wir noch nie gegangen sind. Das heißt aber nicht, dass er unsere Gaben und eigenen Interessen ignoriert. Er hat sie uns ja in erster Linie gegeben, damit wir ihm dienen können! Stattdessen stärkt er unsere natürlichen Anlagen und baut auf diese auf.

Wenn Sie glauben, einen Eindruck zu haben, der ganz im Gegensatz zu dem steht, wie Gott Sie geschaffen hat, dann rate ich Ihnen, das sehr sorgfältig zu prüfen. Möchte Gott wirklich, dass Sie diese schwierige Aufgabe übernehmen, nur weil kein anderer da ist? Möchte er, dass Sie sich auf neue Bereiche einlassen, damit Ihre einzigartigen Gaben daran wachsen können? Oder kommt dieser Eindruck überhaupt nicht von Gott, sondern lenkt Sie vielmehr von der Aufgabe ab, die Gott Ihnen aufgetragen hat?

Die Dimension des Dienens

Drittens, *Eindrücke, die von Gott kommen, sind im Normalfall mit Dienen verbunden.* Ich finde, dass man manche falschen Eindrücke ziemlich leicht erkennen kann, weil sie egoistisch und eigennützig sind. Immer Ende Januar oder Anfang Februar, wenn es im Mittleren Westen eiskalt wird, spüre ich den drängenden Ruf, eine Gemeinde in Honolulu zu gründen.

Neulich sagte mir ein frustrierter Mann: »Ich bin schon seit dreißig Jahren Ältester in meiner Gemeinde und ich habe viele Pastoren kommen und gehen sehen. Ich würde gerne wissen, warum jeder von ihnen dann den Eindruck hatte, er solle diese Gemeinde verlassen, wenn das Angebot woanders mit mehr Geld, mehr Vergünstigungen, mehr Mitarbeitern und einem größeren Haus verbunden war. Kein Pastor wurde je in eine kleinere Gemeinde mit weniger Gehalt und weniger Vergünstigungen geführt.«

Im Laufe der Jahre habe ich gemerkt, dass ich lieber vorsichtig bin, wenn ein Eindruck schnelles Geld, Ruhm, Sonderrechte und Spielereien verspricht. Reichtum hat schon mehr Leute zu Grunde gerichtet, als Not und Dienen es je tun werden. Andererseits kann ich im Normalfall spüren, dass ein Eindruck vom Heiligen Geist kommt, wenn ich dabei aufgerufen werde, jemandem zu dienen, jemanden zu ermutigen oder etwas wegzuschenken. Der Böse wird uns sehr selten dahin führen, solche Dinge zu tun.

Folgendes berichtete der Apostel Paulus den Ephesern über einen seiner Eindrücke: »Nun ziehe ich, gebunden durch den Geist, nach Jerusalem, und ich weiß nicht, was dort mit mir geschehen wird. Nur das bezeugt mir der Heilige Geist von Stadt zu Stadt, daß Fesseln und Drangsale auf mich warten« (Apg 20,22–23). Von Paulus wurde nicht verlangt, etwas zu tun, das im Widerspruch zu seinen Gaben stand – auf dem ganzen Weg nach Jerusalem würde er das Evangelium verkünden und junge Gemeinden stärken. Was aber von ihm verlangt wurde, war, um des Reiches Gottes willen auf Sicherheit und Bequemlichkeit zu verzichten.

Nicht immer wird Gottes Reden Opfer bedeuten, aber erwarten Sie, dass es ziemlich oft beinhalten wird, Entscheidungen zu treffen, bei denen es Ihnen den Magen zusammenzieht, die die Grenzen Ihres Glaubens austesten und Sie dazu bringen, den elementaren Fragen des Lebens ins Auge zu blicken. Oft, wenn Gott spricht, werden Sie sich zwischen Bequemlichkeit und der Bildung eines gottgefälligen Charakters entscheiden müssen, zwischen der Option, Geld anzuhäufen oder erst das Reich Gottes zu suchen, und dem, ein Sieger in den Augen der Welt oder ein Sieger in Gottes Augen zu sein.

Wenn Sie also einen Eindruck haben, der Ihnen über Nacht Gesundheit, Wohlstand, Bequemlichkeit und Glück verspricht, dann seien Sie vorsichtig. Gott führte Jesus zu einem Kreuz, nicht zu einer Krone, doch dieses Kreuz erwies sich letzten Endes als Tor zu Freiheit und Vergebung für jeden Sünder der Welt.

Gott fordert uns als Nachfolger Jesu ebenfalls dazu auf, ein Kreuz zu tragen. Aber wenn wir dieses Kreuz tragen, werden wir paradoxerweise Freiheit, Freude und Erfüllung finden.

Lassen Sie Vorsicht walten

Wir können also zusammenfassen, dass ein Eindruck wahrscheinlich von Gott kommt, wenn er in Einklang mit seinem Wort steht, wenn er in Einklang mit dem steht, wie Gott Sie angelegt hat, und wenn er Opfer oder Glaubensschritte fordert. Ich möchte noch einige Mahnungen zur Vorsicht hinzufügen:

- Wenn Sie einen Eindruck haben, der Ihnen innerhalb kürzester Zeit eine schwer wiegende, Ihr Leben verändernde Entscheidung abverlangt, ziehen Sie ihn im Einzelfall in Zweifel.
- Wenn Sie einen Eindruck haben, der Sie zwingt, Schulden zu machen oder jemand anderen in eine peinliche, bloßstellende oder gefährliche Lage zu bringen, ziehen Sie ihn in Zweifel.
- Wenn Sie einen Eindruck haben, der es nötig macht, familiäre Beziehungen oder wichtige Freundschaften zu zerstören, ziehen Sie auch ihn in Zweifel.
- Wenn Sie einen Eindruck haben, der im Geist reifer christlicher Freunde oder Seelsorger Unruhe hervorruft, ziehen Sie ihn in Zweifel.

Ich sage damit nicht, dass Sie solche Eindrücke zwangsläufig verwerfen sollten, außer wenn sie auch gegen die Schrift verstoßen, aber Sie sollten sie nochmals überdenken und sehr vorsichtig mit ihnen umgehen. Eindrücke von Gott können die Tür zu wunderbar erfüllenden Erlebnissen als Christ öffnen, aber falsche Eingebungen können ein unglaubliches Ausmaß an Verwirrung, Bedrängnis, Schmerz und seelischen Schäden verursachen.

Prüfen und Gehorchen

Ich möchte dieses Kapitel nicht mit einem negativen Beiklang beenden. Es geht viel verloren, wenn Christen so viel Angst vor falschen Eingebungen haben, dass sie ihre Ohren auch für die guten Eingebungen des Heiligen Geistes verschließen. Natürlich möchte Gott, dass wir die Geister unterscheiden, aber dann möchte er, dass wir Schritte im Glauben tun und ihm nachfolgen.

Vor einigen Jahren aß ich mit einem Mann zu Mittag, der kein Christ war. Seine Freunde hatten mir erzählt, er sei der brutalste, schlagfertigste, selbstherrlichste, starrköpfigste, hartherzigste Mann, den sie je kennen gelernt hätten. (Bei einer solchen Empfehlung brauchte ich mich nicht noch bei seinen Feinden zu erkundigen.) Nach zwanzig Minuten konnte ich alles bestätigen, was sie gesagt hatten.

Wir sprachen gerade über nichts Weltbewegendes, als ich einen Eindruck hatte. Der Heilige Geist schien mir zuzuflüstern: »Stell jetzt sofort die einfache Wahrheit dar, dass Jesus für Sünder gestorben ist, und zwar so klar, wie du nur irgend kannst.«

Ich hatte absolut kein Bedürfnis, das zu tun. Ich glaubte, ganz sicher zu wissen, wie seine Reaktion aussehen würde. Aber der Eindruck war zweifellos biblisch. Er stimmte mit meinen Gaben überein, zumindest unter anderen Umständen, und er war in keinster Weise eigennützig! Ich hatte die Wahl: Würde ich Gott vertrauen oder würde ich diesem Eindruck, der ganz klar von Gott zu sein schien, ungehorsam sein?

Ich gehorchte. Ich wechselte abrupt das Thema und fragte: »Würden Sie gerne wissen, wie Jesus Christus Sünder in den Himmel holt?«

»Wie bitte?«, entgegnete der Mann.

»Sie haben ganz richtig gehört«, meinte ich. »Würden Sie gerne wissen, wie Jesus Christus Sündern vergibt und sie in den Himmel aufnimmt?«

»Ich denke schon«, willigte er zögernd ein.

Also erklärte ich ihm beim Nachtisch den Heilsplan so kurz und prägnant, wie ich nur konnte. Er stellte ein paar Fragen. Wir beendeten das Essen und ich ging leicht peinlich berührt zurück zur Arbeit.

Zwei oder drei Tage später fiel ich fast von meinem Stuhl, als der Mann mich anrief und sagte: »Wissen Sie, was ich nach unserem gemeinsamen Mittagessen gemacht habe? Ich ging in mein Schlafzimmer, fiel auf meine Knie und sagte: ›Ich bin ein Sünder und brauche einen Erlöser.‹«

Der Mann wurde ein hingegebener Christ. Sein Charakter veränderte sich total und er wurde einer meiner engsten Freunde. Wir hatten sieben wunderbare Jahre miteinander, bevor er zum Herrn ging. Und das alles kann auf diesen Eindruck zurückgeführt werden.

Wenn Sie anfangen, auf Gottes Stimme zu hören, werden Sie oft nicht wissen, warum er Sie etwas zu tun heißt. Er wird Sie Wege durch unbekanntes Gebiet führen, manchmal aus keinem anderen Grund, als um Sie zu lehren, ihm zu vertrauen. Vergessen Sie nicht, ein Christ geht seinen Weg als Glaubender, nicht als Schauender (2 Kor 5,7), und »ohne Glauben […] ist es unmöglich, [Gott] zu gefallen« (Hebr 11,6).

Wenn Sie ein wirklich dynamisches, echtes und spannendes Leben als Christ führen wollen, sollten Sie auf die Eingebungen des

Heiligen Geistes hören. Prüfen Sie sie. Und dann gehorchen Sie. Werfen Sie die geistlichen Würfel. Riskieren Sie eine Partie im Spiel des Glaubens. Tun Sie einen Zug. Arbeiten Sie mit Gott zusammen. Sagen Sie Ja zu ihm, auch wenn es riskant oder unlogisch erscheint. Sie werden staunen, was Gott tut!

Kapitel 15

In Gottes Gegenwart leben

Der Sinn des Betens ist nicht nur, Bitten und Lobpreis zu sammeln und diese dann Gott vorzulegen; es geht auch nicht nur darum, Gottes Antworten und seine Führung wahrzunehmen. Gott gibt uns nicht die Anweisung, ohne Unterlass zu beten, nur damit er uns bequem revidierte Richtungsweisungen geben kann, wann immer es nötig ist.

Der Sinn des Betens liegt tiefer. Gebet ist ein Weg, fortwährende Gemeinschaft mit Gott dem Vater und Gott dem Sohn und Gott dem Heiligen Geist zu pflegen. Es ist das Mittel, mit dem wir die enge Beziehung, die im Johannes-Evangelium, Kapitel 15, Verse 5–8, beschrieben wird, leben können:

> »Ich bin der Weinstock, ihr seid die Reben. Wer in mir bleibt und in wem ich bleibe, der bringt reife Frucht; denn getrennt von mir könnt ihr nichts vollbringen. Wer nicht in mir bleibt, wird wie die Rebe weggeworfen, und er verdorrt. Man sammelt die Reben, wirft sie ins Feuer, und sie verbrennen. Wenn ihr in mir bleibt und wenn meine Worte in euch bleiben, dann bittet um alles, was ihr wollt: Ihr werdet es erhalten. Mein Vater wird dadurch verherrlicht, dass ihr reiche Frucht bringt und meine Jünger werdet.«

Ein Buch über Gebet wäre unvollständig, wenn ich nicht erwähnen würde, dass Gottes Gegenwart in denen ist, die ihm nachfolgen. Gebet und die Gegenwart Gottes sind zwei Seiten derselben Münze. Wir werden uns der Gegenwart Gottes bewusst, wenn wir uns Zeit nehmen, um im Gebet mit Gott zu reden und auf ihn zu hören; umgekehrt wird die Kraft des Gebets im Leben derer freigesetzt, die Zeit in Gottes Gegenwart verbringen.

Vergeber, Herr und Freund

Zu viele Christen wissen eine Menge über Gott, erfahren aber seine Gegenwart selten oder nie wirklich in ihrem Leben. Ich bin in einer Gemeinde groß geworden, die Gottes Erhabenheit betonte. Wir dachten von Gott in hohen und ehrfürchtigen Worten, was ja auch richtig ist, aber wir haben diese Seite von ihm überbetont. Er schien weit über seine Geschöpfe und Anbeter erhoben zu sein und der Abstand zwischen uns schien oft unüberbrückbar.

Ich wusste, was es hieß, Gott zu fürchten, und ich hatte begriffen, wie wichtig es ist, ihm zu dienen. Ich erwartete, eines Tages von ihm gerichtet zu werden, und ich glaubte, dass ich seinen Geboten zu gehorchen hatte. Aber eines fehlte in meiner Erfahrung als Christ: Mir fehlte jedes wirkliche Verständnis von der vertrauten Beziehung, die Gott zu seinen Kindern haben möchte.

Während ich das College besuchte, lernte ich einen Professor kennen, der mich in Staunen versetzte. Er erzählte manchmal von seiner Beziehung zu Jesus Christus, als ob er gerade mit ihm zusammen Mittag gegessen hätte. Er schien zu Jesus ein Verhältnis wie zu einem Freund oder einem Bruder zu haben und lockere Gespräche mit ihm zu führen.

Ich verstand diese Art von Beziehung zu dem »unsterblichen, unsichtbaren, ewig weisen Gott, der in unzugänglichem Licht vor unseren Augen verborgen ist«, nicht – aber ich wollte sie auch haben! Also fing ich an, mich nach dem Unterricht immer in der Nähe des Professors aufzuhalten, bis ich eines Tages den Mut aufbrachte, ihn zu fragen: »Warum scheinen Sie Jesus auf eine Art zu kennen, die mir unbekannt ist?«

Bei seiner Antwort klickte es in meinem Kopf: »Vielleicht kennst du Jesus nur als den, der dir deine Sünden vergibt.«

Der Professor hatte Recht. Vor ein paar Jahren hatte ich mir und Gott eingestanden, dass ich ein Sünder war, und anerkannt, dass ich einen Erlöser brauchte. Ich hatte die Knie vor Jesus gebeugt und er hatte mich rein gewaschen. Voller Dankbarkeit über seine Gnade hatte ich gebetet: »Oh, Herr, danke, dass du am Kreuz gestorben bist, um mir meine Sünden zu vergeben.«

Neben meiner Beziehung zu Jesus als dem, der mir vergibt, war er für mich auch der Herr meines Lebens. Aber ich verstand noch nicht die ganze Dimension der Beziehung mit ihm, zu der uns Jesus aufruft: »Ich nenne euch nicht mehr Knechte; denn der Knecht weiß nicht, was sein Herr tut. Vielmehr habe ich euch Freunde genannt; denn ich habe euch alles mitgeteilt, was ich von meinem Vater gehört habe« (Joh 15,15).

Seine Gegenwart üben

»Wenn Jesus dir diesen Vers persönlich erklären würde«, sagte mir der Professor, »würde er vielleicht Folgendes sagen: ›Ich möchte für dich dein Retter und Herr sein, aber ich möchte auch dein Freund sein. Ich möchte, dass unsere Unterhaltungen dir Trost bringen. Ich möchte, dass in unseren Gesprächen gegenseitiges Geben und Nehmen stattfindet. Ich möchte, dass du ständig an mich denkst. Ich möchte, dass du weißt, dass du nie allein bist; dass du spürst, dass immer ein Begleiter an deiner Seite ist, wohin du auch gehst und was immer du auch tust. Ich möchte, dass du meine Gegenwart in deinem täglichen Leben entdeckst.‹«

Bruder Lawrence, der im 17. Jahrhundert ein einfacher Koch in einem französischen Kloster war, hinterließ der Welt einen Begriff, der sehr gut eine solche tiefe Freundschaft mit Jesus beschreibt: *die Gegenwart Gottes üben.* Wenn dieser demütige Mönch Geschirr spülte oder seinen Mitbrüdern das Essen auftrug, unterhielt er sich mit Gott, und das Strahlen der Gegenwart Gottes verlieh seinem Küchendienst Glanz und Bedeutsamkeit.

Ich habe das Buch von Bruder Lawrence ungefähr zu der Zeit entdeckt, als mein Professor mich herausforderte, Jesus als Freund kennen zu lernen; und durch das Buch des Mönches und das Vorbild meines Professors wurde ich mir nach und nach der Gegenwart Gottes in meinem Leben bewusst.

Von Bruder Lawrence habe ich gelernt, dass ich mich in meinem Auto, bei der Arbeit, zu Hause, wenn ich jemandem beim Umzug helfe, wenn ich nachts im Bett liege, jederzeit, überall und unter allen Umständen bedeutungsvoll mit dem Herrn unterhalten kann. Gott ist mir nah und will durch seinen Sohn Jesus Freundschaft mit mir genießen.

Gottes Gegenwart in der Geschichte

In der Bibel entdeckte ich, dass Gott sich durch die ganze überlieferte Geschichte hindurch bemüht hat, sein Volk wissen zu lassen, dass er mit ihm war.

Nachdem er die Israeliten aus Ägypten heraus in die Wüste geführt hatte, war Gott klar, dass sie sich fürchten und allein fühlen würden. Sie lagerten an einem Ort, an dem es wilde Tiere, wenig Essen und praktisch kein Wasser gab, und waren für ihre Kinder und das Vieh verantwortlich. Sie hatten kein Heer und keine Mauern, um sich vor Feindesangriffen zu schützen. Sie kannten nicht einmal den Weg ins Verheißene Land. In ihren Köpfen wussten sie, dass sie Gottes Volk waren und dass er versprochen hatte, sie zu beschützen. Aber es war schwer, seine Gegenwart zu spüren. Da Gott sie überzeugen wollte, dass er mit ihnen war, egal, wohin sie gingen, gab er ihnen ein sichtbares Zeichen seiner Gegenwart. »Der Herr zog vor ihnen her, bei Tag in einer Wolkensäule, um ihnen den Weg zu zeigen, bei Nacht in einer Feuersäule, um ihnen zu leuchten« (Ex 13,21).

Wenn das Volk je anfing, sich zu fragen, ob die Reise noch in die richtige Richtung ging, mussten sie nur aufschauen, um die Wolkensäule zu sehen. Wenn sie je Angst bekamen, dass Tiere oder Menschen sich in der Nacht an sie heranpirschen könnten, mussten sie nur zur Feuersäule schauen, die ihren Schein über das ganze Lager warf. Gott sorgte dafür, dass sie seine Gegenwart spürbar in ihrer Mitte hatten.

Das Alte Testament erzählt uns, dass Gott sein Volk auf vielerlei Weise wissen ließ, dass er mitten unter ihnen war: Durch das Offenbarungszelt, das die Israeliten auf ihren Reisen begleitete; durch seine Herrlichkeit, die sichtbar über der Lade im Tempel ruhte; durch eine ganze Reihe von Propheten, die dem Volk sein Wort verkündeten. Aber die Fülle der Gegenwart Gottes sollte erst noch kommen.

Gott mit uns

Das Neue Testament beginnt damit, dass Gott uns seine Gegenwart in der Person Jesu Christi, seinem Sohn, anbietet. Das verheißene Kind sollte »Immanuel« heißen – »Gott ist mit uns« (Mt 1,23). Johannes erklärt, was das Bezeichnende an Jesu Geburt ist: »Und das Wort ist Fleisch geworden und hat unter uns gewohnt« (Joh 1,14). Gott nimmt menschliche Gestalt an und lebt tatsächlich mit seinem Volk.

Gottes Gegenwart auf der Erde in der Person Jesus Christus war nicht irgendein jenseitiges, mystisches Phänomen. Es war nicht etwas, das nur von Priestern, Propheten oder Intellektuellen wahrgenommen werden konnte. Johannes betont die physische Wirklichkeit dieser Menschwerdung:

> »Was von Anfang an war, was wir *gehört* haben, was wir mit unseren Augen *gesehen*, was wir geschaut und was unsere Hände *angefasst* haben, das verkünden wir: das Wort des Lebens. Denn das Leben wurde offenbart; wir haben gesehen und bezeugen und verkünden euch das ewige Leben, das beim Vater war und uns offenbart wurde« (1 Joh 1,1–2).

Gottes Gegenwart in Jesus war machtvoll. Sie machte aus gewöhnlichen, fehlerhaften Menschen Apostel, die »die ganze Welt in Aufruhr gebracht haben« (Apg 17,6). Sogar ungläubige Herrscher erkannten, was es war, das diese Männer von anderen unterschied: »Als sie den Freimut des Petrus und des Johannes sahen und merkten, daß es ungelernte und einfache Leute waren, wunderten sie sich. Und sie erkannten sie als Jünger Jesu« (Apg 4,13).

Christus in Ihnen

Aber so machtvoll die Gegenwart Gottes in Christus auch war, es fehlte immer noch etwas. Der Dienst Jesu auf der Erde dauerte nur ungefähr drei Jahre. Er hat Palästina nie verlassen. Nur eine überschaubare Anzahl von Menschen hat ihn je persönlich kennen gelernt. Die überwältigende Mehrheit der Menschen, die auf der Erde gelebt haben, sind nie in unmittelbare Berührung mit ihm gekommen. Deshalb versprach Jesus den Jüngern: »Ich werde den Vater bitten, und er wird euch einen anderen Beistand geben, der für immer bei euch bleiben soll. Es ist der Geist der Wahrheit« (Joh 14,16–7).

Kurz nachdem Jesus zum Vater aufgestiegen war, erfüllte sich dieses Versprechen. Am Pfingsttag sandte Gott den Heiligen Geist, der von diesem Zeitpunkt an im Leben der Gläubigen präsent sein sollte.

Seit Pfingsten tragen alle Gläubigen ein mächtiges Zeichen der Gegenwart Gottes in sich. In dem Moment, in dem Sie sich Christus anvertrauen und sein Eigentum werden, reinigt Gott Sie von Ihrer Sünde und füllt Sie gleichzeitig mit seinem Heiligen Geist. Dieser Ihnen innewohnende Geist Gottes beginnt, Ihrem eigenen Geist einen pausenlosen Funkspruch zu senden, der die Gegenwart Gottes in Ihrem Leben darstellt. Im Laufe der Zeit wird Ihnen langsam klar werden, dass Sie nie allein sind. Gottes Gegenwart ist real. Sie können sie spüren. Sie ist mit Ihnen, egal, wohin Sie gehen.

Wenn Sie sich darin üben, die Gegenwart Gottes wahrzunehmen, werden Sie den ganzen Tag lang seine Funksprüche auffangen. Bei der Arbeit, zu Hause, in Ihrem Auto oder wo Sie sich eben gerade befinden, wird der Herr mit Ihnen reden. Sie teilen ihm Ihr Herz mit und Sie wissen, dass er zuhört. Es hat nichts damit zu tun, ob Sie sich in einem Kirchengebäude oder auf Ihren Knien befinden. Es hat mit Gottes Gegenwart in Ihnen und um Sie zu tun – »Christus in euch, die Hoffnung der Herrlichkeit« (Kol 1,27, Lutherbibel 1984).

Das ist die vierte Dimension, die des Heiligen Geistes: *Gottes Gegenwart wahrzunehmen – mit all den vielen großartigen Auswirkungen.*

Ein treuer Freund

Erstens, wenn Sie Gottes Gegenwart immer mehr wahrnehmen, werden Sie *Freundschaft mit Gott* erlangen.

Man muss nicht alt werden, um herauszufinden, dass Gott Menschen so geschaffen hat, dass sie in Gemeinschaft aufblühen. Kinder spielen gerne mit Freunden und Jugendliche haben es gern gesellig. Erwachsene gründen Familien und pflegen Beziehungen zu Freunden und Kollegen.

Egal, wie zahlreich oder wie eng Ihre Freundschaften sind, zu irgendeinem Zeitpunkt erkennen Sie, dass Gemeinschaft mit Menschen nicht genug ist. Auch die besten aller Freunde können nicht immer um Sie sein. Sie ziehen um, verändern sich oder sterben. Sie verstehen nicht immer, was Sie gerade durchmachen. Sie sind nicht immer treu und verlässlich. Wenn Sie versuchen, Ihren ganzen Bedarf an Gemeinschaft durch Menschen zu decken, sind nicht erfüllte Sehnsüchte Ihr Schicksal.

Aber Gott möchte nicht, dass wir nur Menschen als Freunde haben. Im Buch der Sprichwörter, Kapitel 18, Vers 24, heißt es, dass es einen Freund gibt, der »anhänglicher als ein Bruder« ist. Der Verfasser des Hebräer-Briefes schreibt, dass Jesus, »der in allem wie wir in Versuchung geführt worden ist« (Hebr 4,15), uns vollkommen versteht. Im Psalm 121, Vers 3, wird uns versichert, dass unser göttlicher Freund immer für uns da ist: »Er, der dich behütet, schläft nicht.«

Ihr himmlischer Freund hört immer. Er teilt sich Ihnen ungehindert und ohne jede Schranke mit. Wenn er Zuneigung ausdrückt, dann meint er es so. Er hat Geduld mit Ihrer Unreife, er vergibt Ihnen, wenn Sie ihm unrecht tun, und er hält an Ihnen fest, auch wenn Sie ihn lange Zeit ignoriert haben. Er ist immer treu.

Eine Vertrauensbasis

Eine zweite Auswirkung, die sich zeigt, wenn Sie eine Beziehung mit Jesus pflegen und in seiner Gegenwart leben, ist *übernatürliches Vertrauen.*

Freundschaft ist wunderbar. Noch wunderbarer ist es zu erkennen, wer unser engster Freund ist – nämlich der allmächtige Gott, der Schöpfer und Träger des Universums, der Ihnen die Kraft geben kann, allem, was auf Sie zukommt, die Stirn zu bieten.

Als ich als Teenager lernte, mit dem Segelboot meines Vaters zu segeln, nahm ich oft einen gleichaltrigen Freund mit auf den Michigansee hinaus. Wenn ich dort ein drohendes Wolkengebilde auf uns zukommen sah oder der Wind ein bisschen stärker wurde, holte ich schnell die Segel ein und steuerte aufs Ufer zu. Es war nett, einen Kumpel dabeizuhaben. Es machte Spaß, Gesellschaft zu haben. Aber in einem Sturm würde mir seine Gegenwart überhaupt nichts nützen.

Andere Male sind mein Vater und ich zusammen gesegelt. Abermals habe ich das Ruder übernommen, aber mit meinem Vater im Boot hielt ich begierig nach Wolkengebilden und starken Winden Ausschau. Mein Vater war über den Atlantischen Ozean gesegelt, hatte fünf Tage Hurrikan überlebt und konnte mit allem fertig werden, was der Michigansee aufzubieten hatte. Mit ihm an Bord hatte ich sowohl Gesellschaft als auch Sicherheit.

Wenn Sie Gottes Gegenwart in Ihrem Leben genießen, werden Sie immer mehr das Wesen, die Macht und den Charakter Ihres Freundes kennen lernen. Es gibt nichts, was Gottes Kompetenzen übersteigt. Seine Macht kennt keine Grenzen. Das Leben kann Ihnen nichts ins Gesicht schleudern, mit dem Sie nicht gemeinsam mit Gott fertig werden können.

Vielleicht geht bei Ihnen gerade alles glatt. Den allmächtigen Gott an Ihrer Seite zu haben scheint vielleicht nicht allzu wichtig zu sein. Aber ich garantiere Ihnen, dass Ihr Leben nicht frei von Stürmen sein wird – kein Leben ist das. In der Zeit von heute bis zu dem Tag Ihres Todes werden auch Sie Ihren Anteil an Schmerz, Enttäuschung, Prüfung und Unglück haben. Mit Gottes Gegenwart in Ihrem Leben werden Sie diesen Stürmen mit Zuversicht entgegentreten können.

Liebt einander

Eine dritte Auswirkung der verstärkten Wahrnehmung von Gottes Gegenwart ist *zunehmendes Mitgefühl mit anderen Menschen.*

Je mehr Zeit Sie mit Jesus verbringen, desto mehr werden Sie anfangen, so zu handeln wie er. Menschen sind Jesus wichtig und was ihm wichtig ist, ist auch denen wichtig, die ihm nachfolgen. Seine Fürsorge und sein Erbarmen schleifen langsam Ihre Kanten ab.

Schauen Sie, was mit dem Apostel Johannes geschehen ist. Einmal wollte er eine ganze Stadt zerstören, weil manche der Einwohner Jesus abwiesen (Lk 9,54). Nach einem ganzen Leben in der Gegenwart Gottes schrieb Johannes: »Wer nicht liebt, hat Gott nicht erkannt; denn Gott ist die Liebe« (1 Joh 4,8).

Oder schauen Sie Petrus an, den Apostel, der es – sogar nach Pfingsten – nicht ertragen konnte, mit gewissen Leuten zu verkehren (Gal 2,11–14). In seiner berühmten »Leiter« christlicher Tugenden zeigt er auf, wie sich ein Charakter zur Christusähnlichkeit hinentwickelt:

> »Darum setzt allen Eifer daran, mit eurem Glauben die Tugend zu verbinden, mit der Tugend die Erkenntnis, mit der Erkenntnis die

Selbstbeherrschung, mit der Selbstbeherrschung die Ausdauer, mit der Ausdauer die Frömmigkeit, mit der Frömmigkeit die Brüderlichkeit und mit der Brüderlichkeit die Liebe« (2 Petr 1,5–7).

Durch seine lebenslange Verbindung mit Christus lernte Petrus Brüderlichkeit und Liebe zu schätzen. Er wusste, dass Gott derjenige ist, der uns hilft, in »brüderlicher Liebe« zu wachsen und uns gleichzeitig seine Gegenwart durch das Mitgefühl und die Liebe anderer Christen spüren lässt.

Vor kurzem war ich weit von zu Hause weg, um auf einer Konferenz zu sprechen. Gerade als ich mein Hotelzimmer verlassen wollte, klingelte das Telefon. Am Apparat war ein Bruder aus meiner Heimatstadt. Er hatte mich ausfindig gemacht, nur um mir per Telefon zu sagen: »Vergiss nicht, dass Gott bei allem, was du heute tust, mit dir sein wird, und ich ebenfalls. Ich stehe hinter dir und bete für dich.«

Die Fürsorge meines Freundes ließ mich die ganze Konferenz hindurch Gottes Gegenwart spüren. Und ich wusste, dass mein Freund mich so unterstützen konnte, weil Gott auch in seinem Leben gegenwärtig war.

Das ist eine Art, wie Gott sein Reich aufbaut – er legt seine Liebe in die Herzen seiner Kinder, die dann einander und der ganzen Welt dienen können. Im Alten Testament war Gott in seinem Tempel gegenwärtig. Seit Pfingsten sind wir sein Tempel (1 Kor 3,16) und unsere Fürsorge für andere hilft diesen, Gottes Gegenwart zu verstehen und zu spüren.

Ihn für alle Zeit genießen

Das bringt uns zum Vaterunser zurück. »Dein Reich komme. Dein Wille geschehe wie im Himmel, so auf der Erde.«

Was ist Gottes Wille?

- Dass wir an seine Macht und Liebe glauben,
- dass wir aufrichtig und voller Vertrauen zu ihm kommen,
- dass wir Schranken zwischen uns aus dem Weg räumen, auch solche wie selbstzerstörerische Aufopferung und übertriebene Geschäftigkeit,

- dass wir auf seine ruhige, leise Stimme hören und ihr gehorchen, wenn wir sie hören,
- dass wir in seiner Gegenwart leben und ihn für alle Zeit genießen.

Durch Gebet wird lauwarmer Glaube zu warmer, lebendiger und persönlicher Wirklichkeit. Wenn wir in ständiger Gemeinschaft mit Gott leben, werden unsere Bedürfnisse gestillt, unser Glaube nimmt zu und unsere Liebe wird größer. Wir fangen an, Gottes Frieden in unserem Herzen zu spüren, und beten ihn unwillkürlich an.

Mit den himmlischen Wesen, die in der Offenbarung beschrieben werden, rufen wir aus: »Würdig ist das Lamm, das geschlachtet wurde, Macht zu empfangen, Reichtum und Weisheit, Kraft und Ehre, Herrlichkeit und Lob [...]. Ihm, der auf dem Thron sitzt, und dem Lamm gebühren Lob und Ehre und Herrlichkeit und Kraft in alle Ewigkeit« (Offb 5,12–13).

Ich genieße Gott dieser Tage. Er erhört meine Gebete. Er gibt mir Vollmacht. Er schenkt mir Einsichten durch sein Wort. Er führt mein Leben. Er schenkt mir liebevolle Beziehungen. Er hält wundervolle Dinge für mich bereit.

Mein Leben mit Gott ist ein anhaltendes Abenteuer und das alles fängt mit Gebet an. Regelmäßiges Gebet, gleich früh am Morgen, allein mit ihm. Gebet, das in gleichem Maße Zuhören und Reden bedeutet.

Auch Sie können Gott genießen. Sie können seine Freundschaft, seine Macht und sein Erbarmen erleben. Er lädt Sie jetzt zu einem Leben in größerer Fülle ein:

> »Freut euch zu jeder Zeit! Betet ohne Unterlass ! Dankt für alles; denn das will Gott von euch, die ihr Christus Jesus gehört« (1 Thess 5,16–18).

Anhang

Studien- und Gebetsleitfaden zu »Aufbruch zur Stille«

Studienleitfaden zu »Aufbruch zur Stille«

1. Kapitel: Gebet – ein Abenteuer

1. Welchen Unterschied bewirkt Gebet in Ihrem Leben?
2. Wie kommt es, dass Beten scheinbar manchmal unsere Individualität bedroht?
3. Wie reagieren Sie auf die Aussage, »dass Gebet der einzige Weg ist, in ganz enge Verbindung mit Gott zu kommen«?
4. Was treibt Sie ins Gebet?
5. Was bringt Sie dazu, nicht zu beten?
6. Welcher Zusammenhang besteht zwischen Gebet und Gottes Kraft? In welcher Beziehung steht das mit den Textstellen in Matthäus 5,45 und Römer 8,26?
7. Machen Sie sich Ihre Fragen klar, die Sie bezüglich des Betens noch haben.
8. Versuchen Sie, Gebet mit Ihren eigenen Worten zu erklären. Welche Fortschritte in der Art, wie Sie sich Gott mitteilen, wollen Sie gern sehen?

2. Kapitel: Gott ist bereit

1. Kommen Sie mit Ihren Problemen gern zu Gott?
2. Welche Auswirkung hat die Interpretation der Geschichte von der Witwe und dem Richter auf Ihre Haltung zum Gebet?
3. Was bringt Sie dazu zu glauben, dass Gott auf Ihre Gebete nicht eingehen will?
4. Wenn Sie dieses Kapitel gelesen haben, was veranlasst Sie dann zu glauben, dass Gott von Natur aus großzügig ist?
5. Wann haben Sie Schwierigkeiten, Gottes Gaben anzunehmen? Warum?

6. Wie oft kreisen Ihre Gedanken um Segnungen materieller Art, wenn Sie an Gottes Großzügigkeit denken? Warum?
7. Welche Parallelen lassen sich zwischen Gottes Großzügigkeit uns gegenüber und der Großzügigkeit von Eltern ihren Kindern gegenüber ziehen?

3. Kapitel: Gott ist fähig

1. Bringen Sie Ihre tiefsten Nöte jeden Tag vor Gott? Warum oder warum nicht?
2. Manche Christen glauben zwar, dass Gott Gebete gern erhören würde, aber insgeheim haben sie Zweifel daran, ob er es dann auch wirklich tut. Was kann Christen dazu bringen, Gottes Kraft in Zweifel zu ziehen?
3. Gibt es irgendetwas, das Gott davon abhält, seinen Willen in der Welt zu tun?
4. Wie kann sich eine verzerrte Sicht von Gott auf unser Gebetsleben auswirken?
5. Glauben Sie in der Tiefe Ihres Herzens, dass Gott die Macht hat, Ihre Probleme zu lösen?
6. Ist es leichter für Sie, mit kleineren oder größeren Bitten im Gebet vor Gott zu kommen?
7. Denken Sie, dass die Christen des ersten Jahrhunderts mehr Anlass hatten, an Gottes Macht zu glauben, als die Christen heute?
8. In welcher Weise sollte sich Glaube auf den Inhalt unserer Gebete auswirken?
9. Wie können Ihre Gebete ehrlicher werden?

4. Kapitel: Bodybuilding fürs Herz

1. Was halten Sie von der Aussage: »Unsere Herzen haben, genau wie unsere Körper, bestimmte Bedürfnisse, die erfüllt werden müssen, damit wir gesund bleiben und wachsen können«?
2. Nennen Sie einige Gewohnheiten, die die geistliche Gesundheit fördern. Sind diese Gewohnheiten auch ein Teil Ihres Lebens?

3. Was sind die Warnsignale für einen von »eiserner Disziplin« geprägten Lebensstil?
4. Sind Sie ein Listenschreiber oder ein Freigeist? Wie hat das Ihr Gebetsleben beeinflusst?
5. Warum sollten wir uns nicht einfach treiben lassen und sehen, wie der Geist uns führt?
6. Welche Entscheidung muss jeder Mensch treffen, der es mit seinem Gebetsleben ernst meint?
7. Schreiben Sie die vier Gebetsprinzipien Jesu auf, die er seinen Jüngern in Matthäus 6,5–13 erklärt.

5. Kapitel: Beten wie Jesus

1. Wie wichtig war Jesus Gebet? Woher wissen wir das?
2. Wie wichtig ist Ihnen Gebet? Wie zeigt sich das in Ihrem Leben?
3. Was sind die Vorteile davon, sich einen persönlichen Ort des Gebets zu suchen?
4. Inwiefern können Ihre Gespräche mit Gott dadurch gewinnen, dass Sie sich eine besondere Atmosphäre für Ihre tägliche Gebetszeit schaffen?
5. Welchen Nutzen können Sie daraus ziehen, wenn Sie Ihre Gebete niederschreiben?
6. Denken Sie, dass ein aufgeschriebenes Gebet Nachteile hat?
7. Wie ehrlich sind Ihre Gebete? Wie viele Ihrer Gebete bestehen aus leeren Phrasen?
8. Wie können Sie es vermeiden, beim Beten nichts sagende Phrasen sinnlos wieder und wieder aufzusagen?
9. Fällt es Ihnen leichter, ganz allgemein zu beten oder konkret zu beten? Erläutern Sie das bitte näher.

6. Kapitel: Eine Vorlage fürs Gebet

1. Was sind die Kennzeichen eines unausgewogenen Gebetslebens?
2. Denken Sie, es ist notwendig, sich ein Gebetsprogramm zu erstellen? Wenn ja, was schlagen Sie vor?

3. ACTS (*adoration*/Anbetung, *confession*/Bekenntnis, *thanksgiving*/Dank und *supplication*/Bitten) ist ein Kürzel, um uns zu einem ausgewogenen Gebetsleben hinzuführen. Welche Elemente fallen Ihnen dabei am leichtesten?
4. Warum ist es gut, Ihr Gebet mit Anbetung zu beginnen?
5. Was denken Sie, warum Anbetung in unserem Gebetsleben so oft weggelassen wird?
6. Wie beten Sie Gott an?
7. Nennen Sie einige positive Auswirkungen von Sündenbekenntnis.
8. Welche Veränderungen werden Sie in Ihrem Leben sehen, wenn Sie sich mit Sünde im Einzelnen befassen?
9. Was ist der Unterschied zwischen »dankbar sein« und »Gott Dank opfern«?
10. Warum möchte Gott, dass wir danken?
11. In welche Kategorien fallen Ihre Gebetsanliegen? Welcher Kategorie widmen Sie am meisten Aufmerksamkeit?
12. Probieren Sie die »Aufgabe« am Ende des Kapitels aus.

7. Kapitel: Gebet, das Berge versetzt

1. Wie reagieren Sie im Normalfall auf Schwierigkeiten in Ihrem Leben?
2. Wie viel Zeit verbringen Sie beim Beten damit, sich auf Ihre Probleme zu konzentrieren, verglichen mit der Zeit, in der Sie sich auf Gott konzentrieren?
3. Was hält uns davon ab, unsere Gebete mehr auf Gott zu konzentrieren?
4. Inwiefern verändert sich unsere Sicht von uns selbst, wenn wir unsere Aufmerksamkeit auf Gott konzentrieren?
5. Wie können wir uns in unseren Gebeten besser auf Gott konzentrieren?
6. Gibt es irgendwelche »unverrückbaren Berge«, die Sie dazu bringen, Gottes Macht oder Fürsorge anzuzweifeln? Erläutern Sie das.
7. Glauben Sie, dass Gott bei manchen Bergen zulässt, dass sie nicht versetzt werden? Welche Auswirkungen hat diese Annahme auf Ihre Gebete?

8. Kapitel: Wenn Gebete nicht erhört werden

1. Welche Folgen hat für Sie unerhörtes Gebet?
2. Können Sie einige unangebrachte Bitten nennen, die Sie geäußert haben? Was zum Beispiel sind solche unangebrachten Bitten, die wir äußern, ohne es überhaupt zu merken?
3. Warum würde Gott ein Gebetsanliegen nicht oder verzögert erfüllen?
4. Wie sind Sie bisher mit dem Problem unerhörter Gebete fertig geworden?
5. Können Sie sich an Fälle erinnern, wo der Zeitpunkt für Ihre Bitte falsch war?
6. Was sind die Beweggründe für Ihre Bitten?
7. Welche Auswirkung hat die Tatsache, dass wir in einer Gesellschaft leben, in der alles sofort passieren muss, auf unser Gebetsleben?
8. Sollten manche Ihrer Anliegen nicht in die Kategorien »nein … später … wachse« zu passen scheinen, welche anderen Gründe gibt es dann, dass sie unerhört bleiben?

9. Kapitel: Gebetshindernisse

1. Was motiviert Sie am meisten, in Ihrem Gebetsleben zu wachsen?
2. Wodurch werden Sie am meisten daran gehindert, in Ihrem Gebetsleben zu wachsen?
3. Welche »Gebetshindernisse« werden zum Beispiel in diesem Kapitel genannt? Können Sie noch andere Gebetshindernisse nennen?
4. Welche Sünden versperren unseren Zugang zu Gott?
5. Welche Auswirkungen können ungelöste Beziehungskonflikte auf unser Gebetsleben haben?
6. Können Sie sich an einige egoistische Bitten erinnern?
7. Auf welche Art und Weise können wir versuchen, Gott zu manipulieren, indem wir eigennützige Bitten äußern?
8. Haben Sie Schwierigkeiten, nicht zu vergessen, für Christen auf der ganzen Welt zu beten? Warum haben wir oft Schwierigkeiten damit, für Leute zu beten, die wir nicht persönlich kennen?

9. Tun Sie irgendwelche »ehrenwerten« Dinge, die Sie an Stelle des Gebetes treten lassen? Was sind das für Dinge? Warum tun Sie das?
10. Wenn Ihre Gebete nicht erhört werden, denken Sie dann, dass das immer Ihre »Schuld« ist?
11. Denken Sie an Hiob. War sein Unglück seine eigene »Schuld«? Geht es Gott immer zuerst darum, Gebete zu erhören? Erläutern Sie Ihre Antwort.

10. Kapitel: Wenn das Gebetsleben abkühlt

1. Wie war das, als Sie angefangen haben, ernsthaft zu beten? Haben Sie schon einmal eine »Abkühlungsphase« in Ihrem Gebetsleben erfahren?
2. »Ein Grund, warum wir zu beten aufhören, ist, dass es uns zu gut geht.« Sehen Sie das auch so? Haben Sie schon solche Phasen erlebt?
3. Hat Sie schon einmal ein ernstes Problem ins Gebet getrieben? Haben Sie weiter gebetet, nachdem das Problem gelöst war?
4. Haben Sie feste Zeiten in Ihrem Tagesablauf für das Beten eingeplant? Wo und wann beten Sie?
5. Hat Schuld Sie schon einmal vom Beten abgehalten oder Ihre Zeit mit Gott beeinträchtigt?
6. Welche Arten von Betrug an Gott gab es zu Maleachis Zeiten? Wie sieht das heutzutage aus?
7. Wie können wir die Schuldbarriere einreißen und unsere Beziehung zu Gott wiederherstellen?
8. Wie lange sollten wir beharrlich für scheinbar hoffnungslose Fälle beten?

11. Kapitel: Zur Ruhe kommen, um zu beten

1. Stellen Sie all die Aktivitäten zusammen, mit denen Sie in der letzten Woche Ihre Zeit verbracht haben. Denken Sie, dass Sie Ihre Zeit gut nutzen? Denken Sie, dass Sie überlastet sind?
2. Glauben Sie wirklich, dass die Zeit, die Sie mit Beten verbringen, Gewinn bringend genutzte Zeit ist? Erläutern Sie.

3. Was ist gemeint, wenn hier von »echtem Christsein« gesprochen wird?
4. Wo hat Gottes ruhige, leise Stimme in Ihrem hektischen Leben Platz?
5. Welchen Nutzen können Sie daraus ziehen, Tagebuch zu führen?
6. Falls Sie früher schon einmal versucht haben, Tagebuch zu führen, auf welche Schwierigkeiten sind Sie gestoßen oder welchen Nutzen haben Sie daraus gezogen?
7. Denken Sie, Ihre Gebete niederzuschreiben könnte hilfreich oder eher hinderlich für Sie sein?
8. Was hält Sie davon ab, Ihre Gebete niederzuschreiben? Wie können Sie diese Hindernisse überwinden?

12. Kapitel: Warum wir hinhören sollen

1. Spricht Gott zu Ihnen? Wenn ja, wie?
2. Ist Ihr spontaner Eindruck von Gebet der, dass es darum geht, dass Sie zu Gott sprechen, oder der, dass es darum geht, dass Gott zu *Ihnen* spricht?
3. Was für wichtige Gründe werden im Text genannt, auf Gott zu hören? Fallen Ihnen noch andere Gründe ein?
4. Welche Rolle nimmt das Hören auf Gott in Ihrem Gebetsleben ein?
5. Glauben Sie, dass man es mit dem Hören auf Gott auch zu weit treiben kann? Welche unstimmigen Ansätze gibt es zum Beispiel? Welche anderen Extreme würden Sie auch für gefährlich halten?
6. Warum ist es wichtig, dass Sie sich für die Führung des Heiligen Geistes in Ihrem Leben interessieren?
7. Welcher Zusammenhang besteht zwischen dem Wachstum als Christ und der Art, wie man mit Gottes Reden umgeht?
8. Warum ist es wichtig, dass Sie sich für die Führung des Heiligen Geistes in Ihrem Leben interessieren?

13. Kapitel: Wie vernehmen wir Gottes Reden?

1. Woran kann es liegen, dass wir Gottes Stimme nicht hören?
2. Welchen Gewinn ziehen wir daraus, wenn wir uns regelmäßig zurückziehen?
3. Inwiefern kann Zurückgezogenheit abschreckend für Sie sein?
4. Wie viel Zeit halten Sie sich beim Beten dafür frei, dass Gott zu Ihnen sprechen kann?
5. Was glauben Sie, warum manche Christen Gottes Stimme nicht öfter hören?
6. Wie könnten Sie Ihre Gebetszeit besser organisieren, damit Gott mehr Möglichkeiten hat, zu Ihnen zu sprechen?
7. Wie reagieren Sie, wenn Sie Gottes Stimme hören wollen und dann nichts kommt?

14. Kapitel: Wie wir mit Eindrücken umgehen

1. Warum reagieren wir oft nur sehr zögernd, wenn wir einen Eindruck von Gott haben?
2. Wie können wir sicher herausfinden, ob ein Eindruck wirklich von Gott kommt? Könnte es sich nicht vielleicht um unsere eigenen Wünsche handeln oder um eine Versuchung von Satan?
3. Was machen Sie im Normalfall mit den Eindrücken, die Gott Ihnen gibt? Sind Sie je einem Eindruck gefolgt, der sich dann als falsch herausstellte? Was waren die Folgen davon?
4. Welche Rolle spielt die Bibel im Zusammenhang mit Eindrücken von Gott?
5. Glauben Sie, dass Gott uns in Bereiche hineinführt, in denen wir keine Gaben haben? Geben Sie Beispiele an.
6. Hat Gott Sie öfter dahingehend geführt, anderen zu dienen oder dass andere Ihnen dienen?
7. Bei was müssen wir Vorsicht walten lassen, wenn wir herauszufinden versuchen, ob eine Eingebung von Gott kommt?
8. Wenn wir auf Gottes Reden hören, müssen wir dann immer wissen, warum Gott uns etwas zu tun heißt?
9. Wie geht es Ihnen, wenn Sie sich nicht von Gott »geführt« sehen?

15. Kapitel: In Gottes Gegenwart leben

1. Welcher Zusammenhang besteht zwischen Gebet und dem Leben in Gottes Gegenwart?
2. Ist es für Sie leichter, mit Gott auf Grund dessen, was Sie im Kopf wissen, oder auf Grund dessen, was Sie erfahren haben, zu sprechen? Erläutern Sie bitte Ihre Antwort.
3. Wie hat Gott die ganze Menschheitsgeschichte hindurch seine Gegenwart offenbar gemacht?
4. Macht Gott uns auch heute noch seine Gegenwart offenbar? Unterscheidet sich diese Gegenwart von der Gegenwart Gottes zur Zeit der Bibel? Inwiefern ist sie gleich?
5. Welche Auswirkungen hat es, Gottes Gegenwart einzuüben?
6. Was müssen Sie tun, um auch die Zeiten, in denen Sie Geschirr spülen oder den Rasen mähen, als Zeiten mit Gott wahrzunehmen?
7. Was war für Sie das Wichtigste in diesem Buch?

Gebets-Leitfaden für Einzelne oder Gruppen

1. Anbetung: Heiligen Boden betreten

Lesen oder singen Sie den folgenden Lobpreis-Psalm oder eine andere Stelle, die Ihnen zusagt (zum Beispiel die Psalmen 8, 19, 23, 46, 100 oder 148; Lukas-Evangelium, Kapitel 1, Verse 46–55 oder Verse 68–79; Epheser-Brief, Kapitel 1, Verse 3–14).

»Kommt, laßt uns jubeln vor dem Herrn und zujauchzen dem Fels unsres Heiles! Laßt uns mit Lob seinem Angesicht nahen, vor ihm jauchzen mit Liedern! Denn der Herr ist ein großer Gott, ein großer König über allen Göttern. In seiner Hand sind die Tiefen der Erde, sein sind die Gipfel der Berge. Sein ist das Meer, das er gemacht hat, das trockene Land, das seine Hände gebildet. Kommt, laßt uns niederfallen, uns vor ihm verneigen, laßt uns niederknien vor dem Herrn, unserm Schöpfer! Denn er ist unser Gott, wir sind das Volk seiner Weide, die Herde, von seiner Hand geführt« (Ps 95,1–7).

»Heilig, heilig, heilig ist der Herr, der Gott, der Herrscher über die ganze Schöpfung; er war, und er ist, und er kommt!

Würdig bist du, unser Herr und Gott, Herrlichkeit zu empfangen und Ehre und Macht. Denn du bist es, der die Welt erschaffen hat, durch deinen Willen war sie und wurde sie erschaffen.

Würdig ist das Lamm, das geschlachtet wurde, Macht zu empfangen, Reichtum und Weisheit, Kraft und Ehre, Herrlichkeit und Lob. […] Ihm, der auf dem Thron sitzt, und dem Lamm gebühren Lob und Ehre und Herrlichkeit und Kraft in alle Ewigkeit!« (Offb 4,8.11; 5,12–13).

➪ *Ich lobe und preise dich, Herr, weil du:*

2. Bekenntnis: Unsere Fehler beim Namen nennen

»Wenn wir unsere Sünden bekennen, ist er treu und gerecht; er vergibt uns die Sünden und reinigt uns von allem Unrecht« (1 Joh 1,9).

➪ *Ich bekenne, dass ich:*
➪ *Ich brauche deine Vergebung in diesem Bereich:*
➪ *Bitte verleih mir deine Kraft, um diese Sünde zu überwinden und Wiedergutmachung zu leisten, indem ich:*__________________ *und deine Vergebung und das neue Leben anzunehmen, das du mir schenken willst.*

»Wenn also jemand in Christus ist, dann ist er eine neue Schöpfung: Das Alte ist vergangen, Neues ist geworden« (2 Kor 5,17).

3. Dank: Anerkennung ausdrücken

»Dankt für alles; denn das will Gott von euch, die ihr Christus Jesus gehört« (1 Thess 5,18).

➪ *Herr, ich danke dir, dass du folgende Gebete erhört hast:* ______
➪ *dass du mich in diesem Bereich gesegnet hast:* ______________
➪ *dass du mir dieses materielle Geschenk gemacht hast:* ________
____

»Der Herr sei gepriesen. Denn er hat mein lautes Flehen erhört. Der Herr ist meine Kraft und mein Schild, mein Herz vertraut ihm. Mir wurde geholfen. Da jubelte mein Herz; ich will ihm danken mit meinem Lied« (Ps 28,6–7).

4. Bitten: Gottes Hilfe in Anspruch nehmen

»Sorgt euch um nichts, sondern bringt in jeder Lage betend und flehend eure Bitten mit Dank vor Gott« (Phil 4,6).

⇨ *Herr, hier sind meine Bitten:*

- *für andere Menschen – Familie, Freunde, Bekannte, Kollegen, Gemeindemitglieder, Menschen, von denen ich in den Nachrichten gehört habe:*
- *für mich – meine Arbeit, meine Persönlichkeit, mein geistliches Wachstum, meine Gesundheit, meine Freuden und Ängste:*

»Werft alle eure Sorge auf ihn, denn er kümmert sich um euch« (1 Pet 5,7).

Ehre sei dem Vater und dem Sohn und dem Heiligen Geist.
Wie es am Anfang war und ist und sein wird, in Ewigkeit,

Amen.

Träume, Visionen und Prophetie
Wie Gott auch heute noch zu uns spricht

Ob Gott auch heute noch zu uns spricht? Früher hätte Jack Deere diese Frage verneint. Doch heute weiß er, dass mit keinem Wort der Bibel belegt werden kann, dass uns Gott außerhalb der Heiligen Schrift nichts mehr zu sagen hätte.
Die Konsequenzen aus dieser Erkenntnis sind bewegend: Der Gott der Bibel kommt uns in völlig neuer, lebendiger Weise nah.
Das Buch besitzt nicht nur hohe theologische Qualität, sondern ist vor allem ein entwaffnend ehrliches und ungemein begeisterndes Zeugnis eines Mannes, der seine theologischen und menschlichen Barrieren niederriss, um Gottes Stimme hören zu können.

Jack Deere
Überrascht von der
Stimme Gottes
Paperback, 384 Seiten
Bestell-Nr. 657 140